# 新时代美术馆
# 公共美育

胡　泊　邱志军　主编

文化藝術出版社
Culture and Art Publishing House

图书在版编目（CIP）数据

新时代美术馆公共美育 / 胡泊，邱志军主编．
— 北京：文化艺术出版社，2023.11
ISBN 978-7-5039-7555-4

Ⅰ.①新… Ⅱ.①胡… ②邱… Ⅲ.①美术馆—美育—教育研究 Ⅳ.① G40-014

中国国家版本馆 CIP 数据核字（2023）第 249563 号

## 新时代美术馆公共美育

| 主　　编 | 胡　泊　邱志军 |
|---|---|
| 责任编辑 | 柏　英 |
| 责任校对 | 董　斌 |
| 书籍设计 | 赵　蠡 |
| 出版发行 | 文化藝術出版社 |
| 地　　址 | 北京市东城区东四八条52号（100700） |
| 网　　址 | www.caaph.com |
| 电子邮箱 | s@caaph.com |
| 电　　话 | （010）84057666（总编室）　84057667（办公室） |
|  | 　　　　84057696—84057699（发行部） |
| 传　　真 | （010）84057660（总编室）　84057670（办公室） |
|  | 　　　　84057690（发行部） |
| 经　　销 | 新华书店 |
| 印　　刷 | 北京金彩印刷有限公司 |
| 版　　次 | 2024年6月第1版 |
| 印　　次 | 2024年6月第1次印刷 |
| 开　　本 | 787毫米 × 1092毫米　1/16 |
| 印　　张 | 16.5 |
| 字　　数 | 219千字 |
| 书　　号 | ISBN 978-7-5039-7555-4 |
| 定　　价 | 128.00 元 |

版权所有，侵权必究。如有印装错误，随时调换。

## 主　编
胡　泊　邱志军

## 副主编
陈金章　赖登峰

## 编委名单（按姓氏笔画顺序）
王馨笛　陈丹艺　陈晓月

杨思佳　吴　越　梁靖悦

# 立德树人和实施美育融会贯通[1]

范迪安[*]

春华秋实，硕果累累。值此福建省美育研究院成立及国家艺术基金2023年度"新时代美术馆公共美育人才培养"项目启动之际，我谨代表中国美术家协会表示热烈祝贺！

近期，我的大学母校福建师范大学在艺术学科和美育建设上堪称喜讯频传，既获批艺术学一级学科博士学位授权点和音乐、戏剧、影视、美术与书法三个博士专业授权点，在学科建设上迈向新的高度；又积极贯彻落实习近平总书记关于加强美育的重要思想，牵头设立福建省美育研究院，致力于推动美育实施和研究，提高学校美育水平。而"新时代美术馆公共美育人才培养"项目，更是有助于加强在公共文化服务领域的美育人才队伍建设，使艺术教育的成果与经验转化为美育的资源，更好地为社会服务、为人民服务。

2018年8月30日，习近平总书记给中央美术学院八位老教授亲切回信指出："做好美育工作，要坚持立德树人，扎根时代生活，遵循美育特点，弘扬中华美育精神，让祖国青年一代身心都健康成长。"习近平总书记的重要回信，有力推动了新时代学校美育的发展，也在全社会引起巨大反响。从学校美育到社会美育、家庭美育，掀起了美育的

---

[*] 中国美术家协会主席，北京市文联兼职副主席，北京美术家协会主席，中央美术学院原院长。

热潮，构建起可以称之为"大美育"的崭新格局。五年来，美术界、教育界在学科建设和人才培养上，以总书记的重要回信精神为根本遵循，在探索美育的时代发展这一课题上展开了深入的研究和丰富的实践，形成了具有中国特色和时代新意的"美育进行时"。

新形势下，美育研究要紧紧把握弘扬中华美育精神这个课题，把中华美育与中华文明的突出特征联系起来，加深认识中国教育传统中美育的意义价值，认识以美育人、以美成人的理念是德与美有机统一的育人方式，从而在教育教学中把立德树人和实施美育融会贯通；今天丰富的美育实践，则要坚持面向时代、面向生活、面向经济社会高质量发展和人民群众高品质生活需求中对美的期待，用美的创造汇聚精神力量，助力美丽中国建设，体现大美育的文化情怀。

美术馆是社会公众接受审美熏陶、欣赏艺术佳作、提高文化素养的美育终身课堂。在全国各地美术馆建设方兴未艾的当下，需要加强公共美育人才队伍的建设，为人民群众欣赏美、理解美和创造美提供服务。祝愿这次人才培养项目在授课老师的指导下，学员们努力学习和实践，成为福建省在美术馆美育工作上有理想、有学识、有能力的新生力量。

## 注 释

① 本文据2023年9月18日范迪安先生在福建省美育研究院揭牌暨国家艺术基金2023年度人才培养项目"新时代美术馆公共美育人才培养"开班仪式上的致辞整理。

# 以美为媒，育人同行

罗礼平[*]

习近平总书记在给中国美术馆的老专家老艺术家的回信中明确指出，新时代的美术馆建设应当"坚持正确政治方向，坚持人民至上的办馆理念，践行社会主义核心价值观，在高质量收藏、高水平利用、高品质服务等方面下功夫，努力打造新时代人民群众欣赏美术佳作、提升文化素养的国家级乃至世界级艺术殿堂"。总书记的嘱托深刻阐述了发展美术事业的重大意义，为新时代美术馆的发展规划了蓝图、指明了方向。

为响应习近平总书记关于新时代美术馆建设的重要指示精神，福建师范大学美术学院主持的国家艺术基金2023年度艺术人才培养资助项目"新时代美术馆公共美育人才培养"，以培育兼具艺术素养与教育能力的综合型美育人才为核心目标，落实美术馆社会美育工作成风化人、启人心智的刚性需要。经过严格选拔，共有来自16个省、自治区、直辖市的30名优秀学员参与培训，为全国范围内的美术馆、高校美术馆、地方文化事业单位等机构输送了优秀的公共美育人才。项目会聚了30位国内美术馆学、美育学、美术学等领域的知名专家学者，构建了针对性强、实践价值高的课程体系。经过120天的紧张学习与实

---

[*] 教育部高等学校美术学类教指委委员，福建师范大学美术学院院长、美术馆馆长，教授、博士生导师。

践，学员们的培训成果于浦城美术馆（范迪安美术馆）成功展出，展览集中展示了一系列具有创新性的公共美育实践案例，凸显了艺术与多元领域的深度融合与创新精神，得到了社会各界的广泛赞誉与认可。

"新时代美术馆公共美育人才培养"项目不仅是培养优秀美育人才的平台，更为美术馆公共美育事业的发展注入新的活力和动力。在当下科技日新月异、信息爆炸的时代背景下，我们期盼美术馆能在新时代的洪流中，不仅坚守经典作品的收藏与展示之责，更能成为推动社会公共美育革新的重要阵地。通过不懈的努力与探索，新时代美术馆公共美育将更好地回馈社会、服务人民，为构建充满创新活力的现代中国献上自己的力量。让我们携手并进，共同向着这一目标前行！

# 目　录

## CONTENTS

美育与博物馆可持续性发展和福祉　郑勤砚　贾佩玲　001
美术馆的新角色
　　——链接人、AI、艺术的智识共同体　张子康　罗　怡　009
我国美术馆公共教育的数字化走向　杨应时　020

"把竹子种在5G的时代"
　　——再谈中国画的生命力　吴洪亮　033
从美院到书院的大学艺术课　李　睦　040
展示即创造：新手工与新民艺理论
　　——关于"类文化"及晏阳初的思考　连　冕　050
区域性美术馆的学术定位探究　邱志军　070
新时代美术馆公共美育创新与人才培养路径研究　胡　泊　075

亮出你的底牌
　　——策展作为立场与方法　李豫闽　088
基于理解的公共美育课程设计
　　——在"城郊妖野——黄杰个展"中第一次与"杀马特"对话　邓　瑛　096
叩响青铜之门　感悟家国情怀
　　——家国主题公共美育活动案例　闫庆来　121
侯官文化主题美术与书法作品展策划　林瑞香　143

我为先生画像
　　——"纪念卢作孚先生诞辰130周年·我为卢作孚先生画像——全国
　　　少儿美术作品展"案例策划　黄　睿　庞　恒　　　　　　　159

大美不言 ——亚洲现代漆艺之美
　　——福建省拓福美术馆公共美育活动案例　芦松敏　　　　　　177
以关怀为名
　　——"汇·公共美育"策划方案　李　菲　　　　　　　　　　205
最美中国白
　　——当代德化瓷海外推广公共美育案例　叶扬秋　　　　　　　221
"画说闽西非遗——全国中国画名家写生创作邀请展"
　　展览方案　陈　蓉　　　　　　　　　　　　　　　　　　　234

# 美育与博物馆可持续性发展和福祉

郑勤砚[*] 贾佩玲[**]

博物馆是中华优秀传统文化传承与创新的重要平台，担负着弘扬中华文化、坚定文化自信的时代使命。"国际博物馆日"设在每年的5月18日，由国际博物馆协会（International Council of Museums, ICOM）于1977年5月18日确定，并从当年起开始举办。设立该主题日旨在号召世界各国关注博物馆和文化事业，促进世界博物馆事业的健康发展。从1992年起，每年国际博物馆日都会设定主题，2023年国际博物馆日主题为"博物馆、可持续性与美好生活"（Museums, Sustainability and Wellbeing），该主题旨在强调博物馆是促进社区的福祉和可持续发展的关键因素。本文将围绕博物馆可持续性、博物馆福祉、科技赋能为未来博物馆可持续发展带来的重要机遇和挑战，以及新时代博物馆美育如何更好地传达可持续发展观这四个方面展开讨论。

## 一、什么是博物馆可持续性

博物馆可持续性指的是博物馆在长期内实现经济、环境和社会可

---

[*] 中央美术学院教授、博士生导师，教育部全国中小学美育教学指导专业委员会副主任兼秘书长。
[**] 中央美术学院艺术管理与教育学院美术教育专业2022级硕士研究生。

持续性的一种目标和实践。它要求博物馆在策划、运营和管理博物馆业务时，考虑到长期的环境、社会和经济影响，并通过降低资源消耗、减少浪费、提高效率、保护文化遗产和促进可持续发展等方式，实现博物馆业务的可持续发展。博物馆可持续性的重要性在于，它能够帮助博物馆在保存、保护和展示文化遗产的同时，考虑到现代社会的长期发展和未来需求，为博物馆业务的长期成功和可持续性奠定基础。同时，博物馆可持续性也能够提高博物馆的知名度和吸引力，增加博物馆的收入和资源，促进博物馆事业的健康发展。

2023年国际博物馆日强调博物馆可持续性，并向公众展示其在可持续发展方面的努力和成果。博物馆通过展示其藏品和展览、推广教育和研究项目、参与社区和文化活动等方式，向公众展示其可持续的形象，并吸引更多的观众前来参观和学习。

为了实现博物馆的可持续性，需要考虑以下五个方面：一是在藏品管理方面，博物馆需要采取措施来保护藏品，包括防火、防盗、防潮、防虫等措施。同时，博物馆还需要对藏品进行数字化保护，以便更好地保护藏品并延长其使用寿命。二是在展览和展示方面，博物馆需要不断地更新和改进展览和展示内容，以保持其吸引力和新鲜感。应考虑展览和展示的可持续性，例如使用环保材料、减少能源消耗等。三是在教育和研究方面，博物馆需要发挥教育和研究的作用，为社会提供知识和教育资源。博物馆需要不断更新其教育和研究项目，以满足不同用户的需求。四是在管理和组织方面，博物馆需要建立完善的管理和组织结构，以确保博物馆的运营和管理高效有序。博物馆还需要注重员工培训和发展，以提高员工的素质和服务水平。五是在社会责任方面，博物馆需要承担社会责任，为社会提供公共文化服务。博物馆需要积极参与社区和文化活动，促进社会和文化的交流和融合。

总之，博物馆要实现可持续性，需要在多个方面采取措施。这些措施不仅可以提高博物馆的声誉和形象，还可以促进文化遗产的保护和可持续发展。

2023年国际博物馆日之前，全球各地博物馆举办了丰富多彩的活动，强化博物馆在可持续发展方面的作用和责任。这些活动可以大致分为以下几类：其一，世界各地博物馆免费开放，宣传博物馆的可持续性责任，例如比利时布鲁塞尔皇家博物馆、加拿大蒙特利尔艺术博物馆、德国汉堡艺术博物馆、荷兰阿姆斯特丹国家博物馆等，除此之外，还包括中国、美国、日本、韩国等国家的博物馆。免费开放吸引了更多的观众参观博物馆，让更多的人了解博物馆在可持续发展方面的努力和成果。其二，举办可持续性主题展览，如加拿大蒙特利尔艺术博物馆、加拿大多伦多安大略美术馆等也选择在此期间举办可持续性主题展览，以宣传博物馆在可持续发展方面的作用和责任。这些展览展示了博物馆在藏品管理、展览和展示、教育和研究、管理和组织、社会责任等方面的可持续性实践。其三，推出可持续性相关内容。很多博物馆在国际博物馆日当天推出了与可持续性相关的内容，例如可持续性讲座、可持续性教育课程、可持续性倡议等。这些活动旨在鼓励观众关注博物馆在可持续发展方面的努力和作用，同时提高观众的环保意识和可持续发展意识。其四，社交媒体宣传活动。部分博物馆在国际博物馆日当天通过社交媒体开展了宣传活动，发布了有关博物馆可持续性的内容和消息，得到了大量观众的关注和支持。例如，奥地利维也纳艺术史博物馆在国际博物馆日期间通过其 Instagram 官方账号发布了多篇关于可持续性的文章和视频，介绍了博物馆在可持续性方面的实践和成果，并呼吁观众参与到博物馆的可持续性活动中来。有的博物馆推动环保行动，像加拿大多伦多安大略美术馆发起了节约用电行动，通过减少照明和空调使用量等方式，降低博物馆的能源消耗，以保护环境。有的博物馆则在当天进行清理场馆、推出环保倡议、鼓励观众使用环保出行方式等行动，旨在推动观众关注环境保护和可持续发展，同时鼓励博物馆在可持续发展方面发挥更大的作用。2023年国际博物馆日的可持续性主题活动在全球范围内吸引了大量的观众和支持，进一步推广了博物馆在可持续发展方面的责任和作用，同时也提高了观众的环保意识和可持续发展意识。

## 二、什么是博物馆福祉

　　博物馆福祉指的是博物馆作为一种文化和社会机构，其职责和使命之一就是为公众提供文化和教育资源，促进公众福祉和幸福。博物馆福祉强调博物馆应该以公众的利益为中心，通过各种方式来满足公众的需求，为公众提供有益的体验和教育，促进公众在文化和精神方面的发展。

　　为了实现博物馆福祉，博物馆需要采取一系列措施：一是提高公众意识和教育。许多博物馆通过举办展览、讲座、工作坊等活动来提高公众对博物馆和文化遗产的认识和了解。这些活动旨在促进文化多样性和包容性，并提高人们对文化遗产保护的重要性的认识。二是保护文物和藏品。许多博物馆采取了各种措施来保护文物和藏品，包括加强安保、提高藏品的保存条件、进行数字化记录等。三是推广藏品和展览。许多博物馆通过向公众开放、举办展览、发行出版物等方式来推广藏品和展览。这些活动旨在促进文化遗产的传承和利用，并吸引更多的观众来了解和欣赏文化遗产。四是进行研究和分析。许多博物馆进行了各种研究和分析活动，包括对观众需求的研究、对藏品的保护和研究、对展览效果的分析等。这些活动有助于博物馆更好地了解观众和藏品，并制定更有效的管理和展览策略。五是提高员工素质和技能。许多博物馆为了提高自身的管理和展览水平，采取了各种措施来提高员工的素质和专业技能，包括培训、交流、引进新技术等。这些措施有助于博物馆更好地为观众服务。

举例来说，中国国家博物馆通过举办展览、发行出版物等方式来推广其藏品和展览，并加强对藏品的保护和研究。故宫博物院通过改善藏品的保存条件等方式来保护其文物和藏品，并加强对展览效果的分析和研究，以提高展览效果和服务质量。法国卢浮宫博物馆采取了多项措施来保护其珍贵藏品，包括进行数字化记录、加强安保等。美国大都会艺术博物馆通过加强对观众需求的研究和分析，以期为公众提供更多的福祉。总之，博物馆福祉是博物馆存在和发展的基础，是博物馆履行其职责和使命的目标之一，也是博物馆为公众提供服务和价值的重要体现。

## 三、科技赋能为未来博物馆可持续发展带来机遇与挑战

科技赋能将为未来可持续发展博物馆带来许多重大机遇，将有助于博物馆更好地履行其职责和使命。科技赋能可以帮助博物馆提高管理效率，降低运营成本，提高服务质量和提升用户体验。例如，数字化管理系统可以协助博物馆更高效地管理藏品、展览和人员；智能设备和传感器可以帮助博物馆更好地监测和管理展览、设备和环境；数字化教育产品和服务可以提供更好的教育资源和更便捷的学习体验。科技赋能可以帮助博物馆更好地保护文化遗产，延长其使用寿命。例如，数字化技术可以用于文物的三维扫描、数字化保护和数字化展示，生物技术可以用于文物的病害分析和防治，数字化展览可以更好地保护和传承历史文化遗产。

科技赋能可以帮助博物馆更好地拓展其影响力，吸引更多受众。例如，数字化展览和宣传活动可以扩大博物馆的知名度和影响力。社

交媒体和数字媒体可以增强博物馆与公众的沟通和互动。虚拟现实和增强现实技术可以提供更生动、直观的文化遗产体验。科技赋能可以帮助博物馆推动创新发展，提供更好的文化产品和服务。例如，数字化技术可以用于文化遗产的数字化保护和数字化展示；人工智能和大数据可以用于文化遗产的分析和预测；文化创意产业的技术赋能可以推动博物馆文化创意产品的创新和发展。

值得注意的是，科技赋能也将为未来博物馆可持续发展带来许多重大挑战。随着科技的发展，博物馆收集到的数据量将不断增加。数据安全和隐私保护将成为一个重要的挑战。博物馆需要采取适当的安全措施来保护观众和博物馆自身的数据安全，确保观众的个人信息得到保护。科技的发展将为博物馆带来许多新的形式和内容，但博物馆需要确保技术和文化的融合，确保新技术和传统展示方式的相得益彰。博物馆需要招募和培养具有跨学科知识和技能的技术人才，以确保博物馆的可持续发展。博物馆需要平衡创新和可持续性的关系。博物馆需要确保新技术的使用不会对环境和文化遗产造成负面影响，同时需要确保新技术的使用不会抑制传统展示方式的发展。随着科技的发展，博物馆需要更好地管理和监督新技术的使用。博物馆需要制定相应的政策和程序，确保新技术的使用符合博物馆的展示和保护原则，同时需要对新技术的使用进行有效的监督和管理。博物馆需要制订培训计划，确保员工掌握新技术的知识和技能，同时需要为员工提供职业发展机会，激励员工为博物馆的可持续发展做出贡献。

科技赋能将为未来博物馆在提高服务质量和提升用户体验、促进文化遗产的保护和传承、推动博物馆事业的创新发展等方面带来重大机遇。博物馆也应采取措施继续应对科技赋能带来的重要挑战，采取适当的措施来保护文化遗产，促进文化交流，提高展示效果，推动可持续发展。

## 四、新时代博物馆美育如何更好地传达可持续发展观

党的二十大报告提出要建成文化强国，不断提升国家文化软实力，"加大文物和文化遗产保护力度，加强城乡建设中历史文化保护传承，建好用好国家文化公园"，"坚守中华文化立场，提炼展示中华文明的精神标识和文化精髓，加快构建中国话语和中国叙事体系，讲好中国故事、传播好中国声音，展现可信、可爱、可敬的中国形象"。这为新时代文化遗产保护事业发展擘画了蓝图、指明了方向。同时，也为博物馆、文化遗产在全面加强和改进学校美育的新时代任务中如何发挥重要的作用提出了新的要求。

其一，强化可持续发展理念。博物馆作为一个重要的文化机构，应该强化可持续发展理念，将其贯穿于博物馆的策划、设计、建设和运营等多个方面。例如，博物馆可以设置可持续发展主题的展览和活动，推广可持续的藏品保护和展示技术，采用环保材料和能源等，提高博物馆的可持续发展水平。

其二，呈现可持续发展的成果。博物馆可以通过展示可持续发展方面的成果和案例，向公众传递可持续发展的价值和意义。例如，博物馆可以展示环保创意产品、可持续建筑设计、废弃物的回收利用等，展示可持续发展的实际效果和成果，增强公众对可持续发展的认识和认同。

其三，推广可持续发展的文化。博物馆可以通过推广可持续发展的文化，增强公众的可持续发展意识和能力。例如，博物馆可以开展与可持续发展相关的教育活动、讲座和研讨会，推广可持续发展的文化和艺术，加强公众对可持续发展的认知和理解。

其四，倡导可持续发展的行动。博物馆应该倡导可持续发展的行动，鼓励公众积极参与可持续发展的实践。例如，博物馆应组织可持

续发展相关的公益活动和志愿服务，开展可持续发展的评估和监测，提高公众对可持续发展的参与度和行动力。

## 五、结语

新时代博物馆美育如何更好地传达可持续发展观，给公众带来福祉？需要博物馆重新审视自身的职责和使命，强化可持续发展理念，呈现可持续发展的成果，推广可持续发展的文化，倡导可持续发展的行动，通过多种方式和手段不断提升博物馆在可持续发展方面的影响力和贡献度。

# 美术馆的新角色
## ——链接人、AI、艺术的智识共同体

张子康[*]　罗　怡[**]

## 一、AI 发展导致了人类认识系统的变化

在过去的半个世纪里，数字从一种魔法到降临人间。代码"0"和"1"创造了今天的奇观世界：从发送电子邮件到人工智能驱动，从交互模拟到感官扩展……数字进化的快速步伐和巨大广度，加速度地改变和重塑着人类社会的每一个领域：生产、消费、观看、体验、思考……

今天的人工智能（AI）大发展，尤其是生成式人工智能的发展，对人类的认知又意味着什么？

早在智能手机开始普及的时期，信息数字化、便携化已然催生了人们认知层面的变化，拓展了人的认知维度与深度。

作为 AI 的前身，增强现实（AR）技术在人类体验消费中（博物馆也是其中重要的使用者之一）流行的十几年来，针对感官体验的技术开发一直没有停止脚步。AR 技术是指通过移动设备将数字元素（声音、视频、图形甚至触感）分层到现实世界的体验上。比如，游客通过 iPad 和智能手机扫码（QR），可以看到展品在博物馆空间中跳跃或

---

[*] 中央美术学院美术馆馆长。
[**] 中央美术学院博士研究生。

者将展品设置在特定的历史场景中。神经学界面、触觉、嗅觉、基因编辑等，正在扩大人类身体、感官和认知能力的光谱。这些技术给感官功能障碍人群带来了方便：仿生耳让听障人士听到音乐，电子眼让盲人感受到形状和色彩，电子义肢让失去手脚的人行动如常。在博物馆领域，这些技术的应用使得博物馆服务最广大公众的愿景得以实现，比如美国芝加哥当代艺术博物馆应要求向游客提供特殊眼镜，使许多色盲人士能够体验某种形式的颜色。同时，这些增强性装置也能让普通人变成"超人"。人类正在迅速超越为感官功能障碍者设计的辅助技术领域，转向扩展人类基本能力界限的辅助技术。还是芝加哥当代艺术博物馆，工作人员在展厅中纳入了多感官线索，增强了所有用户的体验，"更高、更快、更强"。越来越多的生物黑客、身体黑客、半智人正在自己身上进行实验。一旦这些机器植入物随着技术发展变得普及（成熟与便宜），越来越多的人会选择增强和扩展他们的感官，寻求"超能力"。一种具备全新认识维度、广度、深度的新人类由此诞生。这种"后人类"以及他们所代表的时代，会是对未来、对未来的艺术、对未来博物馆影响最深刻的所在。

  与此同时，计算机系统开始做我们曾经认为必须由人类思考的事情：处理不确定性、从经验中学习、做出预测、在复杂的上下文中沟通，甚至生成情感。一些被称为神经网络的系统模仿了人类大脑，深度学习与概率建模加速了技术生成真实且有意义的内容。新兴形式的人工智能（AI）越来越像人类，且在超出人类能力的规模上运行。由于AI比人类"思考"更快、更便宜、（在许多情况下）更好，它正在许多专业工作领域（其中许多是需要高级学位的专业工作领域）取代人类。也就是说，当我们赋予人工智能塑造我们生活的系统权力时，"人"的认知在某种程度上已经跨过了人类本身的能力。

## 二、判断力、观念力、创造力：AI 时代的艺术价值

人工智能、大数据系统与人脑系统的交互引发了人类生活方式与生产方式的全面数字化，构成了"后人类时代"人类思维模式的基本框架。

人类认知的变化必然会导致艺术的形态与价值判断发生变化。比如，把徐悲鸿的画作放大一万倍，我们可以看到画布材料、颜色结构的改变等。这促使我们在审视画面整体意义时，要充分考虑绘画性表达与观念性、思想性表达意义的完全不同，进而拓展我们对于作品的认知。事实上，在数字化飞速发展的这一时期，当代艺术发展速度超越了以往任何一个时期。可以从以下几个方面解读这种"速度"。

首先，艺术是人类对"本质""真理"追求的感官形式的最高反映。一方面，当代艺术往往通过对现实的反省与讨论，改变人们的观看方式和思考方式，推动着人类进步，当代艺术也因此被作为一种社会更新的力量受到广泛关注；另一方面，当代艺术对观念颠覆、边界突破的追求，给需要严密逻辑与理性论证的科学发展带来创造性的启发和无限制的想象。因此，当代艺术作为一种创新的原动力受到广泛关注。艺术的"真善美"价值，在当代演化为真（判断力）、善（观念力）、美（创造力）。

其次，得益于数字化手段在艺术中的丰富应用，艺术家通过诸多视觉形式与媒介形式，打开了跨学科思考的通道，同时打开了人们对艺术多元认知的视角。然而，当人人都能借助简洁方便的数字技术进行"艺术创作"，甚至人工智能也能生成艺术内容时，一个不仅实现了"人人都是艺术家"的时代，关于"什么是艺术"的追问，也推动人们回到艺术的原点——"真善美"。对于 AI 来说，在创造、理解和判断上是无法代替人类的：（1）人工智能哪怕创造了完美的作品，但它并不具备自主意识，因此无法理解自己在创造什么，有何意义，如何应用。（2）人工智能的创造并不基于个人化的经验和情感，因此不能进行人

类意义上的创新，不可能创造出新的艺术流派。（3）人工智能不进行事实的确认，当你问它一个并不存在的艺术家或是行星，它也能给你编一串基于其数据而生成的故事和内容。由此可见，与前述艺术的当代意义相对应：真（判断力）、善（观念力）、美（创造力），是艺术在当下的核心价值与意义。

最后，借助数字化手段和传播，当代艺术的体验方式更加丰富。艺术传播的场域从展览空间延展到展场、展品之外，乃至虚拟世界。虚拟世界中，艺术的本质从"审美概念"转移至"思想概念"，讲究思想和创造力，而不是单纯的审美形式，是在认知世界过程中不断找到能与人形成"美的关系"的结构。

早在2016年，泰特（Tate）的数字创新 IK 奖颁发给了一个人工智能项目。① 这是一个 AI 将现实新闻图像与泰特美术馆的藏品进行关联创作的项目。（图1）

图1 2016年泰特美术馆数字创新 IK 奖获奖项目意大利 Fabrica 传播研究中心的作品 *Recognition*

2022年11月至今,纽约MoMA一楼落地了雷非克·阿纳多尔(Rafik Anadol)的作品《无人监控》,同样是以MoMA藏品为底,用AI的视角来想象艺术史的轨迹。[2]

今天,与人工智能合作创作成为当代艺术创作的热点。机器人可以通过算法精确地演示大师的技术与风格,每一笔都超越人类。e-David是德国康斯坦茨大学的一个团队创建的机器人艺术家,它不仅"用数字绘画",还可以拍摄一张它要描绘的东西的照片,看着自己画画,并使用算法来决定在哪里添加下一个笔画。e-David不断评估自己的进度,并生成新的命令来纠正之前步骤中的错误。艺术家也可以非常娴熟地应用"机器学习"形成"数字绘画"作为创作素材,与人的指向性命令合作,不断调整而生成的艺术作品正大行其道。艺术家刘佳玉在2022年威尼斯双年展的展出作品《虚极静笃》,使用人工智能对中国地形进行深度学习训练后生成的三维成果,交叉人工智能对中国历代水墨画进行深度学习训练后生成的二维结果,以新的视角展示了中华地貌。AI消融了艺术曾经的部分意义,甚至带来了对于创造力、对于真实与非真实的质疑。如上述两个发生在泰特和MoMA的例子,它们各自基于的数据不同,对艺术史的了解也不相同,谁更接近真实的艺术史?或者艺术家创作时所自带的个人化理解的艺术史和人工智能全视角的艺术史,到底哪一个更能带来新的创造与观念?当机器人实验室甚至创建出具备想象力和创造力的AI,什么样的艺术家是人工智能无可取代的?这种消融或者如同摄影术曾经消融了绘画的部分意义一样,对于机器人生产的作品的艺术价值将会产生新的评判系统。关于作品的价值高低,是e-David画出一张"以假乱真"的凡·高,还是在虚空之境中透视万事万物、回看虚拟现实的《虚极静笃》?答案是明确的。

可以预见,"机器学习"将进一步发展"艺术史"风格,人工智能参与艺术生产的脚步不会停止，关键是艺术创作又如何回应、反思人工智能对人类社会所产生的影响。

## 三、当观看不再是全部：AI 时代的美术馆与观众

新技术带给博物馆领域首要、直接的变化来自受众"观看"模式或参与形态以及思维模式的改变。虚拟现实、大数据、智能穿戴、增强现实等技术的发展，拓展了受众对于作品可能的参与和干涉程度。被技术"增强"的受众对博物馆体验提出了新的个性化需求，同时使受众具备采用各种方法、通过各种途径参与艺术作品本身的可能性。观看这种行为不再是博物馆艺术体验的全部，博物馆为了增加受众，不断积极拓展和游戏、电影、智能工业商业等其他领域的深度合作。在这样的合作中，受众和博物馆，以及博物馆所提供的艺术生产之间建立了新的关系。比如，纽约大都会艺术博物馆为任天堂运行时间最长的游戏《动物穿越：新视野》提供了馆藏作品，通过其在线收藏中的分享按钮，1300万玩家可以将馆藏作品添加到游戏中。

2020年后，全世界的博物馆纷纷"跃上云端"。据美国博物馆协会调查，76% 的人打算继续为节目制作实施虚拟和在线实践。[③]虚拟展览、网络直播、社交媒体互动……往日的补足性在线传播方案成为最重要的公众渠道。物理性实体建筑与展品之外，"云上"加强了博物馆跨越时空的强大属性，也加强了博物馆关于丰富人类经验的思想精神状态的非物质性特性。这进一步使博物馆形成的观众概念被新技术发散成为"受众"概念，即观看这一行为本身并不足以代表人们在展览参访中所获得的全部。

2023年后，数字技术的一个突破性成果，是 ChatGPT 的广泛应用。如果说增强现实（AR）的核心还是提供了增强游客和非游客体验

的新方法,那么 GPT 时代,人工智能已经全方位参与到博物馆的主体——博物馆智识建构的主脑中来。虚拟沉浸与实景参访在对人们休闲时间的争夺中白热化了。面对这些改变的观众,美术馆从业者要思考的是,美术馆的核心优势是什么?另外,在博物馆实务层面上,随着人工智能变得更加有效和可负担,机器学习和深度神经网络将广泛应用于博物馆的研究与实践。博物馆与人工智能直接的连接点显然越来越多,AI 或将成为博物馆标准工具包的一部分,承担某个特定领域如法律、营销、通信、鉴定的部分工作。布鲁克林博物馆已经在通过人工智能回答访客提问。想象一下:如果以后的博物馆采用机器人做保安、导览、藏品保管员,被裁掉的博物馆员工是否将被 AI 机器人永久替代?

人工智能的更大潜能是成为博物馆在 21 世纪管理大规模数据(藏品数据和信息数据)的重要工具。视觉识别技术已经可以通过标记、排序和绘制博物馆数据库内部之间的连接,释放数字图像收藏的潜力,使博物馆及其收藏品更易于访问和更有用,数字认证技术也延展了博物馆数字藏品的可能。人工智能不仅为博物馆提供了管理自己不断膨胀的数据集所需的实用工具,还提供了创造力的新途径,其力量潜移默化至博物馆工作的每一个环节当中。

## 四、美术馆在 AI 时代的角色:链接人、AI、艺术的智识共同体

面对新的技术、新的艺术、新的创作方式、新的空间、新的观众,我们要进一步追问:"什么是美术馆?""美术馆的核心优势是什么?"

我们的答案是:美术馆的核心是不断推出新的价值。正如科学研究机构要有科学成果,美术馆要成为以学术推动未来的机构。在美

馆数字化大潮中，敦促人们建立美术馆的"真善美"——判断力推动、观念力推动、创造力推动，敢于想象尝试，不断去迎接新课题的挑战。美术馆数字化更深层的"智识转向"，意味着一种主动的破茧新生。例如2018年策划的"重识游戏——首届功能与艺术游戏大展"就是要探究游戏对人类大脑的改变，讨论游戏对于"后人类"或"未来人类"的深刻影响。美术馆把"游戏"带入学术范畴，研究"游戏"对人的改变、对艺术的改变，正是数字化时代带来的整体变化。（图2）

图2　2018年"重识游戏——首届功能与艺术游戏大展"现场

虽然对绝大多数博物馆来说，数字创新者或数字应用前沿者并非其可以或有必要承担的风险角色（亦即博物馆完全可以应用成熟的技术），但数字化进程不可逆地成为博物馆工作的基本方式与主要途径。具体到AI，具体到当代艺术博物馆（美术馆），它们的相遇意味着什么？

从国内的美术馆实践来看，数字和AI技术进入美术馆领域大致可以分为三个时期。

第一个时期从20世纪90年代末开始，数字化最早出现在出版系统，纸媒转化为"电子书"本质上是一种观看方式的转变。声音、动漫、实际图像与虚拟现实的介入，改变了单纯观看文字获得的经验、想象和知识结构。在这一阶段，"数字化"还未介入美术馆领域。

第二个时期，博物馆和美术馆系统进入最初始的数字化。一是国家公立博物馆和美术馆系统藏品普查要求藏品数字化；二是基于宣传推广的便捷，美术馆出现将线下展览进行线上3D虚拟实景转化的思考和实践。

之后，第三个时期会马上到来，即数字化美术馆（虚拟美术馆）未来将超越实体美术馆的发展。仰赖于"实证"的美术馆系统，虚拟美术馆不会消解掉传统美术馆，正如即便买纸媒图书的人越来越少，传统的纸质书也不会消失。反倒是，如系统引导趋向合理，人们对数字的选择趋于良性，数字虚拟世界会加深真实互动的需求，实体美术馆会成为那些希望从数字世界中拔掉插头的人的热门目的地。

虚拟美术馆的核心是美术馆核心功能——研究、教育、展示、典藏的全面数字化。当虚拟美术馆已经越来越超出实体美术馆向虚拟空间进行复刻与延伸，一个涉及艺术创作方式、策展逻辑、展览展示、公共教育等方面的新生态系统即将成型。在实体展览中，人们要进入美术馆的实体场域才能获得体验，而当人们进入虚拟场景中，收获的则是一种想象性体验。这种虚拟世界延展了实体世界的想象经验，通过这样一种设想的、拓展的变化，我们得以认知一个新的领域。从展示角度来看，数字化虚拟展览延展出的这个"新领域"是数字世界一系列讨论的前提与基础，将改变我们过去对于形象的认知，改变我们自身对环境、人类行为和社会结构总和的反应，尽管这种反应本各有不同。

"新的发现""新的认知""新的反应"在美术馆的功能构建中尤为关键。传统美术馆在挑战自我时，会不断用新的方式改变人们对传统的新发现、新认知。在信息传播和认知建构这一层面上，美术馆实质上将展览策划与展示跨界推演至更广泛的知识生产的层面，智识将代替知识，成为博物馆工作的核心。"智识"概念的提出，主要基于想要将美术馆或博物馆作为一个"思考系统"的想法，而不局限于过去传统的让观众观看实物的方式。中央美术学院美术馆在这方面做了许多工作，特别是2017年以来成立的智识学习中心正在创建一种新的美术馆智识传播和学术支持模式。

这个多元化的模式涉及多重视觉的考虑，如知识的跨度、科学的结合、社会学的调查、心理学的研究等因素。这一新方向将受益于以往任何学科，以及混合型理论的出现。这种混合性的理论体系将来会产生一种新的理论架构，而这种结合可能在不断的分离和重组中催发一种新的基因。核心是，要在为观众提供观看线索、体验线索的基础上，从"公共教育"转换至"自我学习"的概念，推动观众思考自我延展和自我生长。沃克艺术中心将网站从营销自己博物馆的内容转变为对任何感兴趣的艺术品都能找到有趣的故事、访谈和链接的地方。该网站通过用 Art Logo 将远在博物馆墙外的想法、文字和艺术融合在一起。观众在"参与"作品的同时，其智识与艺术家的智识相互作用，可能形成新的、不可预见的智识结果。这成为艺术博物馆智识机制最基本的形式，通过博物馆平台反馈到艺术发展的历程中，通过观众参与到整个社会的智识机制建构中。

强调美术馆智识系统的建立是通过体验、观看，连接知识与想象，进而在大众思考中不断推动新认知的出现，再在新认知中推动新知识的建立。这种新认知不是要输出一种简单的知识结构，而是要促成一种自我思考的能力。这种能力类似于一种细胞生长过程中的快速复制和增殖，在不断的认知中更新自己的结构。对于一个渐渐依赖 AI 超速运行的社会，人的独立思考能力、思维主导性、思想感染力是人类存续和社会稳定的基石。如此，作为发现和孵化想象力的空间，美术馆或博物馆便成为一个智识场域，一个链接人、AI、艺术的智识共同体。一个能够推动未来艺术发展的美术馆或博物馆，毫无疑问是一个以"判断力推动""观念力推动""创造力推动"为主体的智识系统。这是美术馆巨大的力量与巨大的责任所在。AI 时代加速了这一智识系统的创建，这是一场指数级的数字浪潮。美术馆人，请握紧方向盘。

### 注 释

① https://www.tate.org.uk/about-us/projects/ik-prize.
② https://www.moma.org/calendar/exhibitions/ 5535 .
③ https://www.aam-us.org/programs/center-for-the-future-of-museums/trendswatch-building-the-post-pandemic-world-2023/.

# 我国美术馆公共教育的数字化走向

杨应时[*]

## 一、2020—2023年我国美术馆数字化公共教育服务的探索创新

2020年春节前夕，一夜之间，全国各地各级美术馆的官方网站和微信公众号上纷纷发出闭馆通知公告。在中国美术馆，经过精心策划组织、刚刚推出的年度贺岁大展"向捐赠者致敬——中国美术馆藏捐赠作品展"，从历年捐赠作品中遴选900件精品，在庚子新年来临之际为广大观众呈上文化的"饕餮大餐"，也不得不临时关闭，令人无比惋惜。结合此展所筹划的志愿者导览、名家讲座和"我在中国美术馆过大年"等常规公共教育活动均偃旗息鼓。那个春季，平日人来人往、热闹非凡的中国美术馆院内顿显冷寂，唯有玉兰、海棠等鲜花依时绽放。

没有什么能阻挡美术馆人的探索与创新。很快，结合"向捐赠者致敬——中国美术馆藏捐赠作品展"内容，中国美术馆在微信公众号和网站上陆续推出"中国美术馆邀请您在家看展览赏作品"系列线上服务，通过精彩的图片和文字介绍，栩栩如生地呈现了展览现场情境和

---

[*] 中国美术馆公共教育部副主任。

各板块精彩内容。由本馆专业人员撰写的深度赏析文章，引导观众在线上品读毕加索《带鸟的步兵》、皮埃尔·卡隆《时髦女郎》、吴昌硕《红梅》、徐悲鸿《奔马》、王悦之《台湾遗民图》等经典名作。此外，以"向捐赠者致敬"为主题的文章，也生动地讲述了众多收藏家、艺术家及其家属向中国美术馆无私捐赠艺术精品的故事。中国美术馆还策划推出"向医务工作者致敬——中国美术馆藏医护题材作品欣赏""生命重于泰山 向'逆行者'致敬——中国美术馆书法家及特邀书法家作品欣赏""向医务工作者致敬——全国部分美术馆馆藏作品选登""为抗疫而塑——中国美术馆国家主题美术创作组作品选登""印记·抗疫：艺术为人民！中国美术馆人的大众篆刻""中国美术馆的春天"等系列线上展示活动。通过这些服务，一方面，表达对广大医务工作者不畏危险、无私奉献、义无反顾的"医者仁心"的崇高敬意；另一方面，也是旨在引领观众共享生活之美、艺术之美、创造之美，点亮人们对美好生活的向往。

在此期间，全国各地各级美术馆也先后推出了别具特色的数字化公共教育服务。山东美术馆闭馆不停展，特别推出部分展览的导览视频和线上虚拟展览，让观众足不出户依然可以享有徜徉于艺术世界的体验。特别是，为了让观众更便捷地观看、更透彻地了解"齐白石特展"的作品，该馆将此展览的文献资料以及展出作品图片、相关信息公开在官方微信平台上，观众通过手机可进入此展的虚拟展厅详细了解展览内容。山东美术馆还联合山东幼儿美育联盟策划推出"我是小小护国者 打败新型冠状病毒"主题绘画在线上展厅正式展出。活动倡导亲子互动，孩子进行创意绘画，家长在作品上题字。该馆还通过线上直播的方式推出"艺术云课堂"和"美术大讲堂"活动，组织专家讲授艺术课程，为观众讲解该馆重要展览。烟台美术博物馆也适时开启线上打卡美术馆模式，为公众奉上美术馆"微课堂"，让"线上美术馆"服务社会不打烊。该馆除了推出"微展厅"——"翦——郭万祥剪纸艺术展"等线上展览、"微典藏"——"纸素烟云·馆藏近当代名人墨迹展"等馆藏作品欣赏、"微创作"——"童心童画,抗击疫情,烟台少年在行动"等活动之外,考虑到人们宅家时期的文化需求,着力围绕生活美学方面的美育普及,策划开展了线上"微课堂"系列公共教育主题视频体验课程,先后推出了大家易学易懂又实用的扎染、插花、折纸、创意拼贴画、剪纸、面塑、布艺小玩偶、水彩画等十余期不同形式的手作课程,号召组织驻馆艺术家、各门类艺术家专门拍摄录制课堂小视频进行网上推送,受到网友纷纷点赞,吸引了大量关注。江苏省美术馆同样利用多媒体手段,从线下办展转为线上开展,推出"与大师零距离"系列活动之"宋玉麟解读宋文治山水画"系列,通过视频全方位呈现馆内艺术家现场创作与艺术讲解,开辟专业指导与互动渠道,为观众提供更多专业的美术文化体验。该馆还适时推出了观众喜爱的文创展示与互动、学术研究交流活动等,通过盘活线下线上资源,开辟一个全新的线上美术文化旅游胜地。除了线上展览和讲座等项目,上海中华艺术宫还推出了"每日一画""轻悦读"等线上美术赏析活动,以简短轻松的文字介绍展品和典藏,令人过目难忘。

  2020年,我国部分美术馆迅速反应,探索开展数字化展览、提供线上公共教育服务的做法,也为我们带来关于未来数字美术馆与公共教育发展诸多问题的进一步思考。例如,2020—2023年的美术馆数字化公共教育服务反映了我国数字美术馆建设中的哪些进步和不足?美术馆数字化公共教育服务如何更加有效地开发利用美术馆公共教育资源,如何凸显美术馆自身特色和优势?美术馆数字化公共教育发展如何赋能我国美术馆公共教育服务的转型升级?等等。2023年,各地美术馆也逐渐有序开放,但聚集性的线下公共教育活动暂时还无法开展,不少之前积累的美术馆数字化公共教育服务也因此延续下来。

## 二、数字美术馆建设与美术馆数字化公共教育服务在我国的兴起

近年来，作为城市文化地标的美术馆在我国各地蓬勃发展。据《文化和旅游部2018年文化发展统计公报》，截至2018年年末，全国美术馆共有528个。目前，包含各种类型的公、私美术馆在内，全国各级各类美术馆的数量初步估算应在1000家以上。近年来，全国各地的美术馆"不断拓展、创新面向大众的公共教育服务，成为日益活跃的社会美育场域"[①]。

伴随着电子技术的革命性发展和全球资讯网络的爆炸式扩张，当今人们的美术馆学习方式和行为也逐渐由"参观"转向"参与"[②]，数字美术馆建设开始备受社会各界关注，并带动和激发了美术馆公共教育的数字化创新，为美术馆更加立体互动地发挥其文化艺术传播、普及和引领作用提供了新的契机和条件。在我国，数字美术馆作为传统美术馆功能的延伸和补充，甚至是一种传统模式的变革，虽然尚在起步阶段，但是其在公共教育服务方面却具有不可估量的发展潜力。数字美术馆信息传递方式具有多维化、多元化、多媒介、多渠道、互动性等特点，能够更加有效地扩大和提升公共教育服务的辐射面和影响力，使受众更广泛、方式更便捷、形式内容更丰富。正如高明所提示的，在我国地域广阔、人口众多且构成复杂、文化教育资源分配不均衡、美术馆空间设施局促、线下教育活动时间受限等现实条件下，创新拓展数字化公共教育服务尤其显得必要和迫切。[③]

近年来，我国美术馆在不断完善硬件设施的基础上，筹划建设数字美术馆，将美术馆的相关资源（如藏品、展览和研究成果等）进行数字化展示与传播，更大范围地向公众开放，为公众提供教育。一方面，各美术馆将原有资源数字化，并在网络上提供展示、检索、情景模

拟、参观体验等服务。例如，最近10多年来，中国美术馆着力开展数字美术馆建设，让本馆的优势文化资源为更多公众所享用。2004年年初，中国美术馆在互联网上公布自己的官方网站，正式启动数字美术馆建设。如今，中国美术馆网站共分"新闻资讯""展示鉴赏""传播教育""交流服务""支持我们""美时美刻"等板块，提供的数字化内容资源不断丰富，内容结构日趋合理，成为广受各界关注的美术馆官方网站。其中，"展示鉴赏"板块中包含"展览资讯""精品特展""馆藏作品""视频资源"。"传播教育"板块下设"教育活动""精彩回顾""在线学习""博士后工作站""出版物"。观众可在网站上免费欣赏到大量的藏品、展览、教育方面的学习资源。2009年起，今日美术馆的数字美术馆正式上线，包括今日数字美术馆实体空间、今日数字美术馆虚拟空间、VR艺术研究推广中心和今日艺术网。今日数字美术馆为艺术家和艺术机构提供"一体化数字服务"，通过360°全景拍摄、Web网站建设、手机页面制作、手机应用开发、视频记录、电子书出版等多种技术手段，对当代艺术进行在线展示、传播、教育推广及文献记录。2017年起，中央美术学院美术馆在已有的数字美术馆建设成果的基础上，进一步提出用"智识"服务社会，构筑出新的美术馆智识传播方式和美术馆支持模式。除了构筑和呈现，该馆试图通过"智识中心"建立起更广泛的关于艺术和人之间的联系，用更加丰富的手段触摸人、空间、时间以及地域和文化，建立起一整套"智识中心"系统。另一方面，国内一些美术馆参与到谷歌艺术计划等媒体运营服务中。例如，2015年5月18日，龙美术馆等5家中国博物馆、美术馆合作伙伴加入谷歌艺术计划，在平台上上线数字化藏品和在线展览等。一些手机应用开发商也着手开发具有美术馆参观功能的移动应用，为观众提供关于展览的语音导赏、展览前言、作品解读等内容的音频、视频、图文信息。

目前，我国数字美术馆提供的线上服务模式主要包括三方面：一是线上展览，通过360°全景空间、现场视频、图文资料构建出模拟真实的参观环境，将真实主题的现场展览进行数字化还原；二是藏品数字化，将美术馆馆藏作品和研究信息数据化，并借助网络平台和社交平台对外发布、推广；三是艺术资讯及研究信息发布，美术馆借助数字技术，将原来通过展厅或者印刷品传达给公众的艺术资讯及研究成果通过网站、微博、公众号、抖音号等平台，以视频、音频、互动装置等多媒体、多渠道的形式进行发布和传播。当然，具体到数字化公共教育而言，这些服务更多的是停留在信息的提供上，在发挥观众的主观能动性上还比较欠缺。以中国美术馆网站所提供的教育资源为例，目前也还主要是提供以往讲座等的视频资料、教育活动的图文信息、美术常识、电子版杂志和教育手册等。2020—2023年，部分美术馆所开展的数字化公共教育服务，在形式上比以往虽然有所创新拓展，但总体上还是线上展览、藏品赏析、在线课程（讲座、导览）等几种方式，主要是单向的知识技能传授，互动参与程度欠佳。

## 三、美术馆数字化公共教育服务如何更好地凸显美术馆特色和优势

从2020—2023年部分美术馆推出数字化公共教育服务的情况来看，各馆对自身公共教育资源的认识、开发和利用存在很大的差异。一些反应比较迅速的美术馆，往往也是平时开展公共教育服务比较常态化、系统化的美术馆。"临时抱佛脚"显然是来不及也行不通的，更难以达到好的公共教育效果。毕竟在美术馆公共教育服务中，无论技术如何先进新颖，技术永远只是手段，是服务于内容的，缺乏精彩内容的纯技术炫酷是无法真正展现美术馆的灵魂的。

笔者认为，美术馆公共教育的重要性源于它的不可替代性，具有以下五个方面的特色和优势：基于实物、情境开放、形式多样、受众丰富、资源整合。④ 美术馆的公共教育资源有狭义、广义之分。狭义的公共教育资源是指教育理念、教材、设施、人员等；而广义的公共教育资源还包含环境资源、馆藏资源、展览资源、研究资源等。⑤ 美术馆数字化公共教育服务的有效开展，同样应该深入研究和开发利用美术馆的公共教育资源，凸显美术馆自身的特色优势。

以众多经典的艺术作品作为美术馆最根本的教育资源，这是美术馆公共教育最突出的特色和优势之一。通过艺术作品与受众互动，给受众带来视觉的冲击和直接的审美体验，用生动的形象和直观的感受对受众进行教育，这种基于实物的美术馆公共教育所带来的各方感官调动和体验，是其他类型的教育难以实现的，大大增强了教育的效果。受众能够跟众多艺术大家、名家的精品佳作面对面地进行交流、欣赏、体验、感悟，这种得天独厚的学习条件是任何一个教室课堂都不可能具备的。2020—2023年，各美术馆着力发掘自身的藏品和展品资源，通过藏品赏析、线上展示、虚拟展厅等手段为观众营造线上学习的条件、增进观众对艺术作品的认识、丰富观众的学习体验，就是很好的尝试。但是，在对艺术作品的解读方面仍有很大的提升空间。如钱初熹所强调的，要转变单向的美术馆公共教育的方向，积极开展双向的、"以指导来馆者学会美术鉴赏方法为重点的公共教育活动"⑥。笔者认为，美术馆还应当扎实开展对藏品、展品的研究以及对教育教学方法的研究，通过公共教育服务提升观众在图像识读、美术表现、审美判断、创意实践和文化理解上的视觉素养和审美能力。

美术馆是一个面向社会公众开放的公共交流平台，同时也通过研究、策展、设计、教育、传播等诸多途径和手段营造有利于观众参与体验的学习情境。在精心策划的展览中，不仅有作品实物的精美展示，有辅助性的文字、图片、工具，以及营造相关情境的各种展品，更有变化无穷的展示空间和欣赏角度。在这种开放、互动的情境之中，观众可以更加轻松自由地尽情欣赏学习，没有了传统学校教育的学习压力，从而更加有效地增进交流、丰富体验、激发创想。同时，美术馆公共教育打破传统讲课、考试的教育模式和教室封闭单调的教学环境，在开放的展陈空间中开展艺术导览观赏、艺术工作坊、沙龙讲座等不同的教育活动，进行内容更为丰富（不受教学大纲所限）、形式更为多样、情境更为开放、互动性更强的教育活动。其教育方式和气氛更加缓和，令受众在放松的环境氛围下进行有效的学习，能够提高学习的成效。2020—2023年，各美术馆努力通过数字化公共教育服务为广大观众提供了逾越时空的开放性机会，取得了比较可观的效果。但是，在营造学习情境方面，还应跳出传统的"观展"和"讲课"模式，大力提升观众的参与度、互动感、创造性，营造更加活跃的美术馆线上学习社区，使美术馆线上学习真正赏心悦目。

在线下公共教育服务中，美术馆通常可以因时因地制宜、创造性地开展多种形式的教育活动。诸如面向成人、儿童和外宾的人工导赏；专业性较强的学术讨论会；以社会普及为主的专家讲座；结合特定主题在展厅现场举办的轻松活泼的艺术沙龙活动和与艺术家、策展人对话活动；将展厅欣赏与动手创作相结合的艺术创作演示和体验工作坊；从大师名家作品获得灵感启发的少儿艺术作品展或针对青少年的专题教育展；结合展览内容和特定知识点开发的展厅导赏手册、儿童教育手册、亲子手册、教师资源手册等。利用新技术手段，美术馆可以就艺术创作、欣赏、教育相关主题的开展提供多媒体语音导览、互联网交流体验等。2020—2023年，我国部分美术馆在相对紧迫的时间里推出各种各样的数字化公共教育服务，无疑是对美术馆线下公共教育活动形式的丰富和补充，但对结合美术馆优势教育资源开展数字化公共教育服务的形式探索和创新永无止境。

作为重要的公共文化服务场所，美术馆面向所有社会公众开放。与家庭教育和学校教育相比，美术馆公共教育的受众显然更加广泛和丰富，从这个意义上更可以实现"教育公平"。美术馆的这些丰富而复杂的受众群体，有着不同的学习需求和学习习惯，给美术馆公共教育带来机遇和挑战。2020—2023年，各美术馆所推出的数字化公共教育服务，较多地关注普通成人和儿童观众的学习需求，但是在观众的细分研究和拓展上仍可以深入。正如傅军所指出的，"迫切需要对观众人群进行研究和细分，在分类基础上，根据不同人群的需要进行差异化教育"[7]。例如，2020—2023年，全国的大中小学和不少社会教育机构都在开展线上教学。美术馆的数字化公共教育服务也可以考虑探索线上的"馆校合作"，研发具有美术馆特色的公共教育数字化课件，与学校课程教学进行对接和结合。各美术馆也可以考虑开发面向教师群体的美术馆公共教育资源包，开展相应的教师培训与合作。各美术馆还可以考虑开展面向家长或亲子家庭的线上公共教育服务，引导家长指导孩子们有效利用美术馆的数字化公共教育资源。

美术馆是集收藏、研究、展览、教育、交流等众多功能于一体的开放性、综合性文化教育平台，具有独特的资源整合优势。2020—2023年，各美术馆迅速推出数字化公共教育服务，本身就是美术馆资源整合能力的显现。然而，在如何最大化发挥美术馆公共教育资源的影响力和辐射度方面，显然还是做得不够的，具有很大的探索发展空间。特别值得强调的是，美术馆应当以更加开放的理念和姿态，跳出美术行业的小圈子范围，从"全人教育"着眼，打通美术和不同学科领域，调动广大学习者的不同知识和经验背景，进行跨感官、跨智能、跨学科、跨领域的探究与互动。从某种意义上讲，未来的美术馆公共教育将从单一学习形态向融合学习形态转型，愈加展现出美术馆公共教育资源整合的巨大潜力。美术馆公共教育服务应打破学科、地域、文化的壁垒，发掘美术馆开放性、综合性文化教育平台的诸多可能性。

## 四、关于未来我国美术馆公共教育发展的若干思考

笔者就未来我国美术馆公共教育发展提出三点个人的粗浅思考。

第一，从"传播"到"激活"，数字美术馆建设应着力于盘活美术馆公共教育资源。

徐轩露曾撰文强调："数字美术馆的资源建设必须要把观众（使用者）需求作为起始点，将为观众（使用者）提供便利、迅捷、全面、精准的数字信息资源服务作为建设的宗旨。"[8]笔者认为，数字美术馆除了发挥资讯传播服务的作用，更应思考美术馆公共教育资源的独特性以及观众学习需求的个性化，才能真正激活资源，实现更深意义上的创新与互动。数字美术馆建设不只是美术馆内部的专业工作，而应从"以观众为中心"的现代办馆理念和初心使命出发，深入研究新时代社会公众的新需求，通过新的技术手段有效地盘活美术馆公共教育资源。长远而言，数字美术馆建设与公共教育的结合，应基于艺术实物（藏品或展品），注重通过参与式、互动式、建构式等各种方式方法来丰富观众的学习体验，改变、提升其对美的认知和态度。临时性、功利性的宣传推广和系统化、课程化的知识技能学习并不是美术馆公共教育的主要意义所在。引导观众对美的欣赏，对审美经验的体悟，对美好生活的向往，才是美术馆公共教育追求的基本目标。也只有这样，美术馆里的艺术"宝物"才可能真正焕发生机和活力，数字美术馆建设才可能真正发挥"点亮心灵"的公共教育效益。

第二，从"救急"到"常态"，线上与线下相结合是美术馆公共教育

服务大势所趋。

应该承认，2020—2023年我国美术馆所推出的各种数字化公共教育服务探索成果，更多的是特殊时间的特殊行动，属于"急就章"性质，有其"不得已"的成分，但其背后特别的现实意义和价值应当引起重视与思考。尤其值得称道的是，这些特殊时期的探索创新之举为我国美术馆专业化建设敲响了警钟，同时为我国美术馆深化改革发展掀开了新的篇章。从长远角度来看，线上与线下相结合是美术馆公共教育服务大势所趋，二者各有优势，互为补充，彼此融合。美术馆数字化公共教育服务应该尽快纳入美术馆公共教育总体规划和格局当中来，与已有的常态化线下公共教育服务有机地结合起来，与数字美术馆建设结合起来。在国际上，博物馆、美术馆平时开展在线学习早已不是新鲜现象。美国大都会艺术博物馆早在2006年就开始开展基于博物馆的网上教学，并于2007年夏创建了名为"面对面：肖像画比较"的在线互动讲习班，通过在线同步互动、异步互动（穿插式讨论、维基协作项目和博客）、实时网络研讨会、实地研讨会相结合的方式，开展教师培训。[⑨]笔者于2012年在大英博物馆考察调研时就发现，该馆当时已经成立了专门的数字化学习部门，系统地组织开展相应的公共教育服务，并设置了专门针对儿童观众的数字体验馆，与其他丰富多彩的线下公共教育活动相得益彰。基于其多年常态化开展线上和线下公共教育的经验积累，美国纽约现代艺术博物馆在2020—2023年闭馆期间迅速推出"居家博物馆""探索线上展览""随处读看听""在家教艺术""亲子共创作""线上课程"等众多参与互动式的线上公共教育服务。他山之石，可以攻玉。我国美术馆界可以广泛借鉴参考国际国内同行的理念和做法，结合自身实际情况，寻找美术馆公共教育线上与线下相结合的创新发展之路。

第三，从"搞活动"到"搞研发"，美术馆公共教育应大力提升自身专业化建设水平。

与欧美国家相比，美术馆公共教育作为专业领域在我国的发展还处于初级阶段，其自身的专业化建设水平有待提升，需要在不断探索和广泛借鉴的基础上逐渐走向自主创新并日益丰富。笔者认为，美术馆公共教育是指知识丰富、具有创意与专门技能的教育工作者将学习与教学的原理有效地运用到对艺术作品的诠释和展示等具体实践中。针对不同受众人群的学习需求和学习习惯开展各类富有创意的教育活动和服务，目的是促进观众了解与欣赏艺术作品的能力，并将相关经验转化到生活的各个层面。在相当一段时间里，我国美术馆开展公共教育服务还只是停留在"搞活动"的层面，往往追求规模效应，流于形式主义、表面文章，只要场面热闹就行。当然，这也与大家对美术馆公共教育本身的认识深度和重视程度不够有关系。2020—2023年，我国部分美术馆推出数字化公共教育服务也提示我们，未来美术馆公共教育应逐步从"搞活动"的台前服务逐步发展到"搞研发"的幕后服务，在教育内容、教育方法方面深挖潜力，做足功课，努力实现教育效果的最优化和最大化。美术馆公共教育应当更加紧密地依托美术馆在藏品、展品、艺术家等诸多方面的特色资源条件，探究如何更好地开展对艺术作品的诠释、展示和传达。美术馆公共教育也应加强观众研究，更加深入了解细分受众人群的学习需求和学习习惯，有针对性地开展各类富有创意的教育活动和服务，更好地吸引观众，并鼓励他们参与互动。当然，美术馆公共教育也应加强对教育教学理论的研究，并与教育实践紧密结合起来，使美术馆公共教育更加符合学习和教学的原理，提升其教育水准和教育含量。深入研究的成果可以转化为更具吸引力的教育内容和教学方法，并外化为线上和线下教育活动、教育课程、教育展览、教育读物、教育软件等丰富的教育形式。这应该逐渐成为新时代我国美术馆公共教育服务的新常态。

## 注 释

① 杨应时:《美术馆:让艺术点亮美好心灵(美育)》,《人民日报》2019年4月14日。

② 参见陈怡倩《从"参观"到"参与":谈西方公共艺术教育》,《贵州大学学报(艺术版)》2018年第1期。

③ 参见高明《互联网+美术馆公共教育初探》,《祖国》2017年第4期。

④ 参见杨应时《美术馆书法教育的新空间——以"翰墨传承"中国美术馆书法教育系列活动为例》,载韦天瑜主编《大数据时代的创意美术教育——第五届世界华人美术教育大会论文集》,华东师范大学出版社2016年版,第411—421页。

⑤ 参见杨应时《艺术博物馆的教育资源初探——以中国美术馆的公共教育探索为例》,《中国美术馆》2014年第1期。

⑥ 钱初熹:《美术馆:培养公民视觉素养的魅力场》,《中国教育报》2018年11月30日。

⑦ 傅军:《美术馆的公共教育不能止步于热闹》,《文汇报》2019年11月5日。

⑧ 徐轩露:《实体美术馆与数字美术馆的互补性》,《美与时代(城市版)》2018年第4期。

⑨ 参见[美]威廉姆·B.克劳、赫米尼娅·丁编著《超越时空:博物馆与在线学习》,外文出版社2014年版。

# "把竹子种在5G的时代"

## ——再谈中国画的生命力

吴洪亮[*]

近半年来，我反复引用的"把竹子种在5G的时代"这句诗来自西川创作的《梦想着灵魂飞扬的文字》：

把竹子种在5G的时代，
竹子壳手机，
竹子壳手表；
环保的新主意。

他谈的是当下竹子与网络时代尴尬的、表面化的链接关系。而我在其中，得到了别样的启示。假设以竹子比喻中国传统文化，进而具体到中国画，在这个"5G的时代"，它的生命力如何？这是我关心的问题。

如今的所谓5G时代触及人工智能、物联网、云计算、区块链，等等，所有这些好像都成了所谓新基建的一部分。5G既是象征，更是个不折不扣的事实。故而，中国画如果想在此有一席之地，就不得不

---

[*] 北京画院院长。

认真面对两方面的问题：一个是在现实世界中的生存，另一个是在数字化或者虚拟世界中的生存。在现实世界的生存是个老问题，而数字化生存是个新问题，无可参照。

先说老问题。中国画本身就是在危机中成长的，是危机的产物。关于中国画在历史中的生存问题有很多论述，此处不想赘言。笔者最近在参与《新时代中国画的传承与发展研究报告》的编写过程中，也注意到不少前辈从教育到本体表达了他们的忧虑。而我关注的点可能有些不同。据我理解，在今天，不是中国画的危机，应该是绘画本身的危机，或者说传统的经典艺术的危机。因为大家现在连笔都不拿了，一个屏幕与拇指的时代，毛笔与宣纸何为？但中国画的能量已经在发展了千年之后在下沉抑或是扩散了。中国画已不只是一个画种，而是一种习俗。何为习俗？就是不得不这样。如同春节，写对子、挂春联，家里墙上挂张山水或者花鸟，还远未退出我们的日常，在民间自有其传播与运营体系。不只是中国，在近年热播的韩国电视剧《请回答1988》中可以看到花鸟画依旧挂在首尔普通家庭的墙上；《财阀家的小儿子》中顺阳集团的创始人兼掌权人陈阳哲与他太太一个练书法，一个画工笔。其中所展现的中国艺术渗透在这些大众文化中的细节是应该令人思考的。2020年，我在同韩国全罗南道国际水墨画双年展的策展人交流时，他也特别强调韩国的政府与文化部门将水墨画作为东亚文化的重要组成部分来对待。这背后是国家的文化战略，并不只是画画本身这件事情。而我国近年来对传统文化的重视也日益凸显了艺术的价值，这既有经济发展后的文化需求，更是巩固、强化、发展自身软实力的硬要求。这种现象从笔者所见或参与的文化项目中也可见一斑。从参与2008年奥运会开闭幕式的多媒体工作，将齐白石的《借山图》融入徐徐展开的长卷（图1），到东方歌舞团推出的《只此青绿》《东坡》，以及导演赖声川推出的新版《暗恋桃花源》，这些都是中国画基因的时代亮相,但这或许还只是表象上的呈现,是对中国画痛处的暂时解压,还无法真正体现其生命力的核心能量。

图1　2008年北京奥运会开幕式多媒体长卷与齐白石《借山图》的比较

中国画根系上的能量在哪里?从创作到传播有哪些点是可以抓在手里的核心竞争力?这些是非常值得深究的。我更看重中国山水画里的宇宙观、花鸟画中一花一世界的思考、空间关系中的留白、创作中的"迁想妙得"、传播上的有效性等,这些更深层的根系上的事物或许是5G时代中国画的生存法宝。

如何运用这些法宝呢?就要了解这个时代。清华大学美术学院的王之纲老师认为,如今所谓的5G时代将很多隐学变成了显学,变成了一种可传递可延伸的状态,把好多毫无关系的事情建立起联系,从而创造新的可能。所以,在这样的一个状态里,我们有可能面对的是一个从接受倒推创作,进而改变创造的方式。所以这个时候,如果我们放开胸怀的话,可能性会更大,这就是5G时代带给我们的一个有意思的机遇。包括3D打印，不仅仅是将虚拟空间转换到实体空间，现在的技术已开始"把细胞当作墨水，用3D打印机制作内脏"[①]。包括触觉、味道，都可以通过这种方式来完成。包括AI，如果成为语言，不是对于过往的如中国画的一些原有价值的否定，而是一种生命的延续，是新的机会。AI没有恐惧，暂时还没有被捆绑，因此它是勇敢的，勇敢与创造是最好的伙伴。当然，AI也有可能使人类面对新的挑战，因为人工智能运算出的结果可能跟我们固有的对于美的认识大不一样。我们能接受吗？譬如在第58届威尼斯国际艺术双年展中国馆里，来自中央美术学院的费俊老师有一件作品，就是通过人脸识别找到AI认为正确的连接点。比如世界上的某个地方或某种色彩，这是一种随机变量，完全超出想象，因为超出了我们习惯的逻辑。其实这种不一样，有可能改变我们对于美或者意义的认识，有惊喜，当然也可能带来恐惧。这种随机变量让我联想到齐白石画在生宣上的那些写意作品。其实生宣本身是有变量的，它在大的系统中是可控的，但是因为每张宣纸不一样，每一次在宣纸上处理笔、墨、纸的关系，处理变量的可能性，就是中国写意画的魅力之一。

  再比如说，我和《美术里的中国》项目的视觉艺术总监如趣老师交流时，谈到中国画的"三远"。为什么会有"三远"？我的理解是古人希望表达他认为正确的山，而"三远"是一个基于二维纸上空间的解决方案。艺术家希望把他看到的山或者他心中的山的前后、左右、上下、远近都浓缩在一幅画里，"三远"就应运而生了。这样做恐怕是因为当时没有技术在瞬间传递如此丰富的体会。而今天，一台在虚拟空间里的虚拟摄像机，可以在一秒钟之内给我们提供相关的所有信息，将"三远"化为一瞬。如趣老师就以此方法解析了黄宾虹山水画的背后逻辑。所以，数字化和非数字化的叠加产生的意味也许正是当年黄宾虹想要而不可得的。新的语言呈现新体验，譬如中国美术学院高世强的多件与山水有关的作品,再譬如王之纲老师对《骷髅幻戏图》的再创造,都是对中国画理念的数据化延伸。这或许也并非新鲜事。在5G时代重新审视中国画,会发现此种思维在某个点上类似园林思维,是一种东方的整合性思维方式。画是集聚的园林,园林是空间里的画,跨四季,融你我。其实园林不仅是一个空间,其营造往往利用人和空间的关系,比如香味,不同季节种的花;比如水,运用水撞击石头的声音,都是综合性的。中国的文人,那些造园高手,比如文徵明,他如果在今天,也许能做很多我们想不到的事情。

中国画的传播角度也有着特别的生命力。比如说被无数次谈起的笔墨问题。笔墨被描述得越深刻越玄妙,那些气韵生动、骨法用笔等就越发无可与外人道,甚至成为小圈子中的暗号。几十年来,艺术家与学者讨论甚至争论的核心在于它是不是中国画的价值核心,如何才能证明。对于这一点,我不想陷入固有的思考窠臼,想单开一笔来谈。我们常说一幅中国画画得好,笔墨好,叫笔精墨妙。但是在展览中,这样的感受常常被忽视,至少有一个原因是中国画,尤其是中国画的手卷、册页、扇面在今天的博物馆、美术馆中是非常吃亏的,因为它不像油画、雕塑、装置、影像有那么大的冲击力,在空间中被"吃掉"了。为此,我曾经在2011年于北京今日美术馆策划了丘挺、徐坚伟两位艺术家名为"观"的双个展,请大家上手来体会手卷、册页,反响强烈,后来受邀到全国各地甚至美国展出。我试图找到笔精墨妙在这个时代的传播方式,只是这种传播方式的成本太大。而这几年智能手机的发展使大家可以方便地借助两根手指放大作品,细读画作中的微妙之处,此时的感受是直接而简单的。我做过测试,无须专业人士,只需要稍稍点拨,每一位观者都会得到恍然大悟的惊喜,进而破除对笔墨的认知恐惧。这或许就是5G时代给中国画带来的理解上的小小的新机遇。

不仅如此，回到观看纸上作品，5G时代也带来了新可能。近三十多年，将所有视觉资料数字化曾是我们一直的追求。但是这些年，我突然发现当年做的很多文件，不仅运行的软件没有了，所依赖的硬件也不支持了。那一瞬间，我的体会是"物质化"是否要回归？当我们飞奔于数字化的时候，物质化、物理空间这些实实在在的东西是否别有意思、别有价值？

前文曾提到，中国画需要细看，如同阅读。大家也常说一句话：书画同源。一般是指书法与绘画同源，但也有一种说法是图书与绘画的装裱方式同源，都是以纸为最重要的物质材料。两者的被看方式也是相似的，尤其是书、手卷和册页。所以下面我们说说书的事情。关于纸质书，最近我看到一份研究报告谈道，与读纸质书相比，在智能手机上阅读，可能会降低人的理解力。比如看抖音，它特别适合我们匆忙的观看和阅读。在这种状态下，人体很难达到深长的呼吸，而深长的呼吸能够降低人体在阅读理解间的负荷，也就是说，当深长呼吸活跃时，有利于大脑深入理解你想阅读的内容。在一个更快更高更强的信息时代，或许纸质书和中国画的慢输出、深交流会有新的机会。也有一个小数据可做参考：《三联生活周刊》杂志副主编曾给我介绍，2021年，纸质书销量逆势提升了30%，但是在同一时期，亚马逊Kindle已经在退出市场，日子比较艰难。我视此为纸质材料在5G时代的生命力。这当然与前面一个例子有矛盾之处，而实际上正说明所有的事情都有两面性或多面性，只是如何将其利用好的问题。所有的生存与发展或许都是复合型，而非简单的单边问题。

最后，我想谈谈以何种角度重视中国画。著名学者周有光先生2013年写的一句话："要从世界看中国，不要从中国看世界。"朴素地理解这句话，和苏轼说的"不识庐山真面目，只缘身在此山中"有相似之处。如借用如趣老师在《审美气韵的升维》中更富逻辑的表述加以延伸是这样的:"用技术术语描述,假若在同一个空间系统里的观察者都是在系统内,观察事物的最大级数是此空间的边界与观察点的角度组合,如果有多个观察者,那么还需要乘以每个观察者的数量。那么在同一个社会中,所有可能的视角是有最大值的。"他还谈道:"假如,原本两个封闭的社会(仅以空间)之间交换一个自然观察者,此观察者的进入,对于新社会只是一个乘积的增量(往往带来的变化不能持久);但是当他返回原有社会时候,为原有母社会带来的,却是一个大的维度变化。从历史上来看,不论是张骞出使西域,唐僧取经,还是鸠摩罗什入汉译经,空海返日,马可·波罗访问大元疆域,归国后整个社会的变化是巨大的,在历史上形成令人瞩目的文明跳跃点。从时间维度来看,假若有人能够时间旅行而能顺利返回,对我们当下的生活形成的冲击,一样是令人无法想象的。"以这种方式来看中国画与这个5G时代的关系,就越发清晰了。不能仅仅在中国画里思考中国画,不仅要走出去,我更建议要走出原有的舒适圈,链接所有可以链接的,又有一个翻译、融汇的过程,再回来,才有可能将竹子真正种在这个5G的时代。

### 注　释

① [日]山中伸弥、羽生善治:《人类的未来,AI的未来》,丁丁虫译,上海译文出版社2022年版,第10页。

# 从美院到书院的大学艺术课

李 睦[*]

几年前我受学校委托,担任清华大学新雅书院艺术课程的教师,所开设的课程是"艺术的启示"。这是一门面向非艺术类学科学生开设的通识性艺术课程。课程主要由美术理论和美术实践等内容共同构成,每学期36学时,课容量35—40人,通过听、说、读、写、画等教学环节将整个课程贯穿起来。近些年来,随着社会对于通识性艺术教育认识的改变,清华采取了很多具体的措施加强艺术课程在通识教育中的作用,如为理工、人文、社科等学科的学生开设专门的艺术课程。在多年前提出的"无体育不清华"的理念基础之上,学校似乎也在思考"无艺术不清华"的精神意义和落实的可能。虽然在有关的课程活动实施过程中还会有许多的问题需要解决,许多方法需要尝试,但我们的学校毕竟迈出了令人欣慰的一步,我们终于开始探索将艺术融入通识教育了。

## 一、书院里的绘画

新雅书院的这门课程,每年开设一次,人数虽然不多,但却具有

---

[*] 清华大学美术学院社会美育研究所所长。

重要的研究价值和象征意义。我之所以要开这门课,除了学校的要求外,主要还是由于自己内心的一个信念:艺术不应该只是美术学院的事,如果一所综合性大学所关心的只是少数美术家、设计师、音乐家的培养,却忽视绝大多数学生审美素养的提升,这是不公正的,也是不负责任的。作为艺术专业的教师,我认为应该为更多的学生做点什么,所以我就开始了通识性艺术教育的实践,一直在探索,在思考,并希望这种探索和思考延续到今后很远。新雅书院的学生全部来自清华理工、人文、社科等学科专业,他们的综合成绩都非常好,也都绝顶聪明,学生们解决问题的能力普遍很强。但是相对而言,学生们发现问题、提出问题的能力却显得不够,这将会成为他们未来发展的瓶颈,而培养和提升这样的能力就与通识教育密切相关。但我一直认为通识教育中如果没有艺术教育,就不能称作通识教育,至少不能算是完整的通识教育。

在新雅书院开设这门课程之初,学校希望能以"专业"的标准去要求学生,因此,"专业"这个概念是什么就变得至关重要:是将美术学科的专业课原封不动地搬到书院的课堂上来,或是将学生当作"票友",以素质和修养的名义进行培训,这恐怕是所有从事通识性艺术教学的老师们都要面对的问题。我们课程教学的设置非常紧凑,一个环节连着一个环节,既有理性认知,也有感性实践。其实,所谓专业水准的教学要求,也是希望引起学生对这门课的普遍重视,而不是寄希望他们今后成为优秀的专业艺术家,尽管我并不排除存在着这样的可能。这门课程的设立也是希望改变当今越来越多的学生将学科视为职业、将学习过程视为职业培养过程,而不是将文化本身作为学习目的的状况,这恐怕也是通识性艺术教学的目的所在吧。所以综合性大学中的艺术教育究竟应该怎样进行,值得我们认真地研究:我们是否拥有针对全体学生的,包括艺术教育在内的完整的通识教育?同理,我们是否拥有针对美术学院、音乐学院以及其他艺术类专业学生的，包括人文教育、科学教育在内的完整的通识教育？专业的训练和教育不能够培养和塑造学生们的价值观，反倒有可能演变为职业训练的工具。

我觉得"艺术的启示"这门课更多还是培养学生的思维方式，希望他们在16周的学习中逐渐地培养独立思考能力，逐渐地建立审美判断能力，并且能够主动地发现美、认识美、指出美之所在，能够知道艺术作品的价值以及还有更多可能性的存在。诸如：哪些作品对自己的生命、生活有所启示，哪些没有，哪些起到了不同甚至相反的作用。这样的能力培养，将会影响他们的一生。因为审美判断能力是所有判断能力最终形成的基础之一。

我个人很认同清华提出的"三位一体"的育人理念：一是价值塑造，二是能力培养，三是知识传授。这三个概念非常重要，但更重要的却是它们的排列顺序。价值塑造在先，能力培养和知识传授在后。知识和能力并不是最重要的，价值塑造才是教育的核心，而以艺术教育为手段的审美教育，不仅有助于价值塑造，也兼具了能力培养和知识传授的双重职能。当然，在学生价值塑造过程中起到作用的绝不仅仅是艺术，还包括文、史、哲、自然科学等方面的许多课程，并且同样作用巨大。从通识性艺术课程开设八年的情况来看，艺术教学的独特性和无法替代性已经得到了印证，学生从艺术课程中接受了比他们所认为的多得多的思维训练。

我每次上课都会向学生提出一个问题：你是否曾经独立地面对过一件艺术作品，并且与它产生交流？许多学科的优秀学生，甚至美术学院的学生都从未有过这样的体验。他们更多的时候是被人告知：哪些是名人、哪些是名作。他们更习惯查看标签、查阅资料，然后记录下他人提供的经验，并且将此视为自己的学习收获，视为评价艺术和生活的准则。事实上，这只不过是一个分析和整理知识的过程，而不是艺术的感受过程。所以我建议学生不要看美术作品的标签，而是直接在美术馆里面行走，甚至于"漫无目的"地行走，看看哪些作品能够触动你、影响你，然后再去追根溯源，再去查找资料，这样才能得到货真价实的收获，也才算得上真正意义上的交流。我之所以将课程的一半时间用于绘画实践，目的就是让学生学会身体力行地感受绘画，去寻找在自己身体里生成的对于艺术的认知。他们将要用这样的认知能力去洞察这个广袤的、复杂的、未知的世界。

## 二、"披着教师外衣的艺术家"

为什么谈"披着教师外衣的艺术家"？我觉得现在艺术学科的教师在教学中更关注的往往是艺术的风格样式、艺术的技能层面，或关注他们个人技术的发展。他们并没有在意那些存在于艺术背后的观念和文化，也就是形成风格和技术的原因，以及各种文化之间的因果关系。他们通常会让学生处于"知其然"的自满状态当中，但却很容易使学生忽视了"知其所以然"的使命。这便是许多教师更愿意做一个好的"艺术家"，而不是做一个好的"艺术教育家"的原因所在。我曾在学院的学术会议上说，希望老师们不要做一个"披着教授外衣的手艺人"，也是有感于这样的现象而言的。虽然做一个优秀的手艺人也很重要，然而做一个拥有手艺的教师却更重要。当我们作为高校教师，并且兼有教师和艺术家的双重身份时，我们要做的事情就远不止传授艺术技能、讲授艺术经验那么简单了，我们是对学生的价值塑造负有责任的。

这些年，我们艺术教师在工作中的纠结、矛盾和沮丧多数都与这个原因有关。我们既要从事教学，又要考虑创作，但是创作和教学毕竟是两件完全不同的事情，在一定意义上这两者还是相互对立、相互冲突的。艺术讲求个性，教育讲求共性。艺术家追求极致，教育家倡导多元。此外，艺术学科教育只需面对少数学生，艺术通识教育则要面对全体学生。如果我们必须同时兼具这两种身份，在教学过程中产生非常大的困惑就在所难免。如果处理不好这两者之间的相互关系，那么艺术教育和艺术创作两个方面都会受到影响，甚至会两败俱伤。相反，如果我们能够恰当地平衡好两者的关系，则两个方面都可以受益，当然最终受益的还是我们的学生。实际上，艺术教育要求教师做到的事情，并不仅仅是他们个人的艺术擅长，而是利用他们的艺术擅长去激发学生的擅长，这就是艺术教育和艺术创作之间关系的平衡点，也是在高校从事艺术教学的教师应有的教学状态。做不到这一点，艺术家在高校担任教职就没有意义。哥伦比亚大学教师学院著名学者朱迪斯·伯顿（Judith Burton）教授在清华举办讲座时，谈到最多的就是"艺术家如何成为一个教育工作者"。这个问题值得我们从事高等艺术教育工作的教师认真地反思，因为这个问题也同样包括"一个教育工作者如何成为一个艺术家"的思考。

## 三、美院教授应该教什么

清华大学为学生创造了比较好的学习条件，所以新雅书院的学生能够在专门的画室里上课并动手画画。由于很多学生是平生第一次拿起画笔，所以多少会有一些不知所措，但他们都经历了从畏惧到喜爱、从喜爱到自由、从自由到表达的体验过程，他们在逐渐地进入一种本应属于他们的思维状态。有一个例子给我的印象特别深。有一次上课，学生们都在安静地画画，当我准备看一位学生的素描时，他却用身体挡住了画面，并且说："老师，你别看，太丑了。"这让我觉得十分不解，也十分难受。这是一位非常优秀的本科生，成为数学、物理、法学等领域未来的精英或许是他坚定不移的目标，但他却被限定在一个既定的艺术判断标准里，并且是唯一的艺术判断标准。他会认为以达·芬奇为代表的文艺复兴艺术标准以外的绘画都不能算作绘画，甚至都是丑的绘画。他会对自己不能熟练地运用解剖、透视、比例等科学的方式去描绘眼中的事物而感到惭愧。为此他会选择远离艺术，并将艺术标准的判定权利拱手交给别人，交给那些符合标准的人，哪怕他们是遥远时代的人。对于很多非艺术类专业的学生来说，艺术就是这样被逐渐放弃的。

  这个例子具有相当的普遍性。这也是我多年来坚持通识性艺术教育的初衷，非得改变这样的状况不可，并且要一代一代地改变下去。虽然我个人的能力是有限的，每年也许只能影响到四五十人，但十年下来就是四五百人，而他们又会去影响更多的人。从内心深处，我无法容忍一个绝大多数学生与艺术永远无关的教育局面。在一所研究型的大学里教授艺术课程的教师，如果他的所作所为与职业技术学校的做法几近相同，那么这所研究型大学的文化水准何在？艺术教学与艺术教师存在的意义何在？如今学生解决问题的能力很强，但是发现问题和提出问题的能力却不够，这主要涉及思维方式问题。比如说，在感性和理性的辩证关系中，学生们更注重理性，忽视感性；在艺术和科学这两个原本相关的概念中，他们更注重科学，忽视艺术；在创意和技能这两个相关的概念中，他们更注重技能，忽视创意。他们把技能、科学等同于理性思考，殊不知这种理性思考更多的是基于以往经验认知形成的固定概念，而他们却要用这些概念来指导自己的学习和生活。他们的"固定"需要融化，需要用通识性艺术教育一点点地融化，这不仅是美术学院教师的使命，也是他们义不容辞的责任。他们应该帮助和引导学生探索什么是理性、什么是感性；探究什么是科学、什么是艺术；探求什么是创意、什么是技能，以及理性与感性、科学与艺术、创意与技能之间的相互关系。作为美术学院的教师，除了艺术专业教学有限的议题外，是否仍然有太多的事情值得我们去做，仍然有太多的问题值得我们去思考呢？

在高校从事艺术教学的教师，通常会面对两种不同类型的教学对象：艺术类学科和非艺术类学科的学生。在多数情况下，我们教学的对象是前者。因此，我们很容易习惯性地将注意力放在艺术教学的专业化和职业化之上，而却忘记非艺术类专业的大多数学生，忘记我们原本应该为他们承担的艺术教育的责任，进而忽略他们接受艺术教育的权利。其实，艺术教育的本质就是培养学生发现事物、认识事物的能力，而不是记忆事物、模仿事物、制作事物的能力。再具体地说，是引导学生通过艺术认识生活、适应生活，并在此基础之上改变和创造生活。无论我们的教育对象是谁，无论他们所属的学科专业是艺术或非艺术，这才是大学本科艺术教育的根本，也是艺术教育必须要融入通识教育的原因。我们作为美术学院的教师是否为此做好了准备？

## （一）在艺术学与美术学的边缘

在面向学校各学科学生的通识性艺术教学过程中，我也会有关于课程定位和学科归属方面的困惑。比如我经常会被问及这门课究竟是理论课还是实践课，因为这涉及学分和课时，涉及劳动报酬。但是我既无法将课程定位于艺术理论课，也不想将课程定位于绘画实践课。这是课程性质认定上的困扰，因为这门课正好处于艺术学理论和美术学实践两个领域的边缘，绝对地归类到任何一个学科都会有失偏颇。其实，我们以往所熟悉的任何学科，无不是在长时期的探索和实践过程中逐步建立和完善起来的，无不是经历了"从无到有""从小到大"的成长过程。那些从事通识性艺术教育的教师是否考虑过，我们正在面对的难以被归类的困惑背后，是否有可能是一个崭新的领域和一个崭新的学科呢？一个无从确立的学科领域，是否潜在着被确立的可能？我们面对的是全体非艺术类专业的学生，我们要提供本应属于他们的艺术教育内容，并且无法套用艺术类专业现有的教学方式，没有现成的教学经验，没有现成的教学标准，因为我们在做的是一件前人还没有认真做过的事情。如今教育领域存在的各种各样的困惑，与通识性艺术教育的空缺是有关系的。我们有多少艺术学科与通识教育相关呢？我们有多少艺术专业的教师从事过通识性艺术教学呢？我们是否为通识性艺术教育设立过相应的体系和标准呢？既然通识性艺术教育对于全体学生的培养如此重要，那么系统、完善、科学的艺术教育方式就变得非常重要，思考美育或通识性艺术教育的学科建设问题也就变得非常重要。

承担通识课程的教师都知道，专业课程大多归属或归类于某个学科，但通识课程往往有着自己的特殊性，不能够将它们原有的专业属性简单地移植到教学当中，艺术的通识课程尤其如此。我们的教学目的是使更多的学生学习艺术、了解艺术，并在此基础上影响学生的思维方式，使他们能够相对地而不是绝对地认识问题，能够多元地而不是单向地分析问题。一方面，他们应该学习艺术史、学习绘画、学习跳舞和歌唱，但这只是艺术教学所要采取的独特的教学手段，而不是美育乃至教育的目的。我们并非要求他们成为各个艺术领域的出色艺术家，哪怕他们在这些领域获得了很高的艺术造诣，但艺术毕竟不是所有受教育者最终的归宿，艺术只是他们通往人生归宿的阶梯，这过程虽有艰辛，但也充满挑战和意趣。通过艺术课程的学习，学生并非要将自己变得更艺术化，而是要更加敏锐，更善于触类旁通。因此，艺术实践、艺术理论、艺术批评等相关的维度都会成为艺术通识课程的重要内容，并且促进通识性艺术教育的多样性和跨学科性。美育有时候会很难用常规的学科标准来界定，或许我们应该有一个"新学科"？

## （二）从感性中来，到理性中去

"不假思索地呈现绘画在先，认真仔细地分析绘画在后"，这不仅仅是一个方法问题，还是一个认识问题。这也是我在书院的教学过程中对学生提出的课堂要求，准确地说是对他们"固执"的认识问题方式的矫正。因为多数情况下，学生的认识方式正好是反过来的。他们习惯于凭借知识来决定该怎样画、画什么。他们不习惯也不认同在自己的感知引导下，下意识地做出反应和选择。他们宁可相信自己的经验，也不愿意相信自己的感觉。用经验替代理性，再用被替代了的理性去取代自己的感性，致使思维方式永远停留在对于经验的依赖之中。这就是我们当今艺术教育和通识教育面临的主要问题，也是亟待解决的主要问题。我希望通过这样一门特殊的课程来帮助学生，帮助他们拓展固有的思维，使他们认识到感性和理性之间的相互关系，改变多数学生从经验的角度认识艺术，并且将这种经验等同于理性认知的习惯。我认为艺术教育是相对于理性教育而言的感性教育。如今我们的教育太偏重理性思维，缺少感性思维的教育引导，太偏重于事物的结论性和确定性的一面，而对那些非确定性的、非结论性的事物却很少问津。这导致了学生艺术作品认知上的障碍，也导致了他们思维方式上的局限，更导致了他们独立人格的形成受到抑制。这不是存在于少数人身上的事情，也不是美术学院专业范围之内的事情，这是高等教育体制本身，乃至所有的教师都应该关注的事情。

## （三）没有人可以不学习艺术

大学本科的四年时间，是学生们接受艺术教育的"最后阶段"。错过了这个阶段，他们系统地接受艺术教育的机会将不会再有。我见到过很多没有学习过艺术、不了解艺术、自认为与艺术永远无关的人。他们都接受过高等教育，有些还在国内外接受过一流的高等教育。但很显然在他们所接受的教育中，并没有多少与艺术相关的内容，当然也就没有获得本应得到的来自艺术的那些启示。这种状态在他们平时的思维方式和行为举止中都能明显地表露出来。比如缺乏好奇心，缺少感受能力，对事物的认识方式比较单一，有较强的排斥异己感，等等。很显然，他们的人格发展是不完善的。我们在当今社会中感受到的那些不尽如人意的各类现象，诸如价值、准则、道德等方面的问题，都直接或间接地与艺术教育的缺失有着密切的联系。艺术教育的缺失不仅表现为很多的人放弃艺术，而且体现为他们为此付出的代价。他们没有意识到，放弃艺术对于社会生活，对于个人生活，对于子孙后代究竟意味着什么。他们也没有意识到会因此失去独立的思考判断能力，并且无法用艺术的思维去开阔视野和激发想象。他们在遗忘艺术的同时，也被艺术遗忘了。所以，艺术在高等教育中的作用永远都是至关重要的。这是所有受教育者不可以忽视的人生课题，同时也是能让他们学以致用的生活指南，这关系到全体受教育者的人性的滋养、价值观的确立，以及完善的思维习惯的养成。如此重要且关乎社会文明发展的教育使命，是不能用"修身养性""附庸风雅""素质补充"似的几节课程或者几次报告就能够敷衍的，也不是为培养少数专业人才而增加一两个艺术类学科所能替代的。我们的大学教育亟须建立一个为全体大学生的需求而设立的完整的艺术教育体系，它需要科学地论证、系统地研究、具体地实践，需要教育者和受教育者双方持之以恒地、全力以赴地、真实地投入。

# 展示即创造：新手工与新民艺理论
## ——关于"类文化"及晏阳初的思考

连 冕[*]

必须说，在数字媒介狂飙突进的年代，无法及时应对新的一番启迪民智浪潮的美术馆、博物馆，已然是彻底地落伍了。

作为被赋予典守、展示使命的机构，传统意义上的公立美术馆、博物馆于日益繁盛的大众收藏活动中，大多只扮演鉴定标准件提供者的角色。遗憾的是，随着购买经费也就是行政职能的受限，那些百姓把玩间、文青戏耍时往往"易得"的特色物事，更多倒成了公立机构难以跨越的搜求门槛。于是，一所重点或专门院校的此类附设机构，倘再没有政府财政的定向挹注、考古单位的热忱支援，失却校友、朋辈的慷慨捐赠，恐怕最终只得变为粗率的内部"同乐园"，而"博物"应凸显的社会启蒙价值，或要荡然无存。因为，若如此，它们甚至连标准件都难向人们胪举，以资参详……

据笔者观察，中国美术学院民艺博物馆（以下简称"国美民艺馆"）当前即处在如何更好地解决这些不大不小困局的关键阶段。国美民艺馆的核心宗旨乃"致力于手工艺的承继、活化和再生"，可是手工与民艺总归不在"象牙塔"内。这般"博物的土壤"在工艺人的手中和脚下，

---

[*] 中国美术学院教授、博士生导师，中国美术学院美术馆群副馆长、民艺博物馆执行馆长。

院校只能产生微量的特殊手工艺者。如果仅是守着这一亩三分"同乐园"耕种，其间的养料必将随着日历的翻动快速流失，遑论"在全球化语境中，重建东方设计学体系和文化生产系统"。所以，我们需要有新的办法。可以这么理解，通过美术两馆（潘天寿纪念馆、美术馆）、博物两馆（民艺、国际设计）的一体复合，中国美术学院实际构造出一种"人间艺术学"暨"真'博物学'"的高级呈现。民艺不仅是其内的重要组成，关键还在于：就一般生成论分析，其乃美术与设计行为的基础过渡或中间环节；而从创造智性论着眼，它更实现了美术同设计既巅峰又普世的极致表达。民艺由是当被解释为人间一切艺术的创造母体。于此，我在意以历史真实规律来确认民艺的伟岸，这自然深深得益于东瀛前贤柳宗悦等的巨大贡献。我也希望借之不单找寻各色造物的善性，亦能通过合适的机会令"学院的艺术"实现"去经典化"，最终彻底回归人间的本源。

的确，著名高等专业院校的美术、博物馆系统更当别具一格，而国美民艺馆还是我国乃至全球高校中，少有的以民艺为核心研究、展陈对象的所在。这里说的"民艺"，本质上与公共博物馆的前身，以私人和殖民的调性炫耀先进、贬抑落后，也即同凭借旧的"人类学—东方学"体系为存在基石的近现代"博物馆学"及其定义下的、令参观者不得不臣服的"经典"概念迥异其趣。当然，演变至今，"炫耀"本身还有了一些新形式，比如历史悠久的大型综合博物馆，在规划上以信息轰炸、库存清仓的姿态布设藏品，丝毫不顾参观者的理解力与感受力，荒疏了知识传播的核心功能，一味寻找视觉爆点和心理刺激，彻底世俗化了人类学的价值，粗糙地设置了考古学的结果，甚至漠视基本的历史学考索，仅仅扭捏于网红宣传的快时尚逗弄，全然忘却释放作品和空间上真正属于美的量能。

## 一、类文化的提出

当然，除了莫名地继承帝制或殖民思路外，有一些博物馆则沿袭、借鉴了近代博览会的业态，特别是欧洲主要经济体早期的商业贸易宣传，以及苏联社会生产蓬勃时期的工业鼓荡逻辑。只是，现如今的网络经济氛围中，所谓现代象征之一的大型超市不再是多数百姓购物的首选。十几年前人们还借着商场的展示比比看看，随着电子商务的效能进一步释放，便捷的配套措施，物理地点的陈列、销售仅为无法使用网络的群体和有特殊采买爱好者所准备。同样的情形发生在一度辉煌的影剧院中。除了专门的需求，年轻人反复步入剧场的机会并不高，单机电脑、家庭投影等个性化欣赏模式足可迎合大量并不热衷集体消费的主顾。

换言之，近现代先贤不断认为需要得到真切教化的庶众的审美力，当前已是进入势不可挡的质的提升阶段，以及个性且精细分野的局面。而旧的面向公众的美术馆、博物馆作为现代主义和大工业生产居高临下的代言人，其体量和消耗之巨大，纵使如巴黎蓬皮杜国家艺术和文化中心（Le Centre national d'art et de culture Georges-Pompidou）透过经典的伦佐·皮亚诺（Renzo Piano）式建筑转向"后现代"，也处处彰显着那种对珍贵资源的漠视以及对平民思想的鄙薄。而国美民艺馆从设计之初便由隈研吾（Kengo Kuma）引入了"负建筑""负空间"理念，本质是冀望甩脱前殖民与后殖民的缠斗，由现代走向"后现代之后"谦卑的人与自然的共生。它有落差、有隐藏，实际是就经典和非经典进行的讨论与宣告。

不过，我们稍稍再将话题拉开一些，如"民艺"这个理念所期待的那样仔细观察生活。周遭那一间间挺立在各个社区、街角的小超市，与急速推进的城市建设恰恰形成对照：城镇化程度愈高，小门脸的店面愈发在都会巷弄间广布。这一点在世界范围内倒有两组有趣的对照。其一是在日本、韩国和中国香港等东亚商品经济高度发达的国家与地区，主要街道两旁小型便利店、士多铺鳞次栉比。它们因经济的畅旺而挤压着微型美术馆、博物馆和新旧书店，令之在二楼以及巷尾的逼仄空间中别致地存活。粗粗想去，或许这是基于土地局囿而带来的独特选择，但重点却在于其间强调个性与差异的高效竞争策略。每个街角皆有其对应的消费、欣赏群体，也正是如此众多鲜活的"微型化""碎片化"，乃至"非经典"式的连缀，方才构成一个生机盎然的人群整体，以及一个物阜民丰的集成。于是，同类型的景观一样能够在伦敦、纽约等街头出现，甚至剧场空间都可以是极端迷你的，这在罗马、柏林等地同样常见，而正是如此的星点构筑起了足以对抗传统迷狂信仰的现代人的精神世界。

另一对照组是"南方国家"，从亚洲的泰国、马来西亚，到南美洲和大洋洲的诸多同样有着悠久文明史的地域。确是经济条件制约了他们起造、利用大型的展示场地，而那里的小型空间又必然相对简陋，但引人兴味盎然的别样色彩却丝毫未减。相形之下，我们的小商超却"千篇一律"，至多不过是大型超市的扁平化微缩，甚至连南太平洋岛国上闽、粤、浙华人家族连锁经营着的那种颇成一派的格局都不曾见到。请勿嫌弃如此的对比，因为商超系统在那些我们看似落后的国家里，其实承担着大大小小的现代美术馆、博物馆，甚至就是一间间商品化了的民艺馆的"布道"功能。我之所以不厌其烦地做出看似偏题的描述，是想要说明，一个永远面向民众敞开的现代美术馆、博物馆系统的必然属性，便是要在全局启蒙的基础上，重新搭建起一种个性化、本土化的，同生活须臾不可割裂的真"博物学"框架，而非随波逐流地被某些怪异名词胡乱装点。

所以，我绝不否认手工之美，素来向往之、心系之。不过，历史时期遗留至今的手艺今天倒进入了它最辉煌也是最具争议的年代。若不加推广与限制，传统手艺将彻底堕落为奢侈与小众消费的代名词。博物馆再对之进行不加干预的展示，势必将"泥古"地变为腐朽旧货和垃圾糟粕的展示区，乃至夸耀式地成了名利的镀金场。那么，作为一个处在思想极年轻又最活跃的核心教学地带内的社会化场所，我们的责任不是充当一所"病梅馆"、杂货摊，而是要通过快慢并置、长短相宜的研究性陈列，以反复宣明、彰显那种充溢着足可称为野生力量的人间法式——展示即创造。

　　此处，需注意一个观念上相反的问题：当前的民艺已较难觅得脱离"学院艺术"而纯粹自为发展的路径和成果了。就全球史的普遍意义上观察，属于"民艺"的个体表达与再现，还曾被定性为与精英对立着的"民间"，只是想象中的那些隔绝与原始，到今日多也不复存在了。现时，几乎所有创作者的受教经历都免不了专业院校的参与，全然的"礼失求诸野"的景致成了无从提起的过往。礼与野的区分一时间几乎消弭，这是"去中心主义"的好事，而在手艺和民族文化中强调那些对立，难免映衬出过度刻意的企图。或者，可以说，"旧礼"已为各类人群所否定，"新礼"又在诸多层面生成，所谓"求"当是寻觅这个"新"罢了。

　　这正如各类院校当仁不让地成了集体化生产的必由训练渠道，当前手艺人的创造性绝大多数又与之须臾难离。简言之，在此语境下，那种传说中神启般的通灵技艺习得术，早就沦为不断被证伪且充斥矫饰的谎言诈骗史。同理，一度被理解为最基础的手工劳动，眼前更是与想象中的"经典民间土壤"彻底割裂。手艺及其制造者必须直面新材料、新客户和新问题，若再回到传统模式启发新消费和新鉴赏，则终将坐等大规模的残酷汰选，而那些顽固的守旧者则将成为最先被剔除的旧征象。只是，专门化高等院校的培养又是短促的，纵然目前攻读研究生总人数逐年攀升，也不可否认本科四年的教育仍是未来一段时间社会骨干生力军的专业主流知识来源渠道。那么，纵使算上研究生培养的六七年，院校在相对短促的时间里也极难培育出"不离地"的手艺大家。当然，我们的使命，诚如几位师长向我多番强调过的，不是要将优质的学生群体悉数塑造成某某大师的三流徒弟。所以，一座难能可贵的民艺馆的启蒙价值也就愈发凸显：它不是一个美术陈列馆、一间博物胪陈区、一所少长自乐园，它必是一处真正提供匡世、升华动能的天工搬演场，必是一处活跳跳的由人间最干净双手和高妙智慧共同建筑起的交互新中枢！

十余年来，对于中国传统文化的新崇奉成就了惹人欢喜的社会气象。基于上述讨论，从具体操持层面讲，当前常说的"国风""国潮"，基础养分十之八九便是源自手工文化和民间艺术。不过，作为局外者，人们多只瞥见了国潮物事呈现出的光鲜面，忽视了它们背后各类艰辛锤炼的构想、造作过程，忽略了技艺、再现背后所需的大量学徒、工匠的艰苦训练与劳作，以及与之密切牵连的趣味、规划和管理、制度诸事项。实际上，经过漫长历史时间内的生发、积淀与变革，传统民间手工造物及其成器、育美观念，早已具备了强健且深入生命血脉的上下游网络关系，只是我们方今才稍稍做出了可能的揭示。而时代又发生了巨变，一种"类民艺"化的情形出现后，大量旧规律已不合用于新趋势。由此，前文提及的不能成为"三流的徒弟"，并不意味着古典时期优秀的培养方法在现时是错的。只是，现代的教育倘若完全学徒化，其实倒真没有什么优势了，因学徒化的工作已大量被人工智能等取代，"与古为徒"起码自庄周以来已被证明绝非是个至善的了局[1]，因其终归不能实现个体的存续与超越。

再比如，我们终于开始留意微观造物的制度史问题，各类一度煊赫、鼎盛的同业行会便是典型代表，这曾令研究者们开始从较为单薄的器物考辨，转向对社会与组织的整体发展规律的探讨。当然，现实亦在催动思索者、传承者、制造者、扶持者群体，清晰地转向对"类手工"组织的观察。意即一大批新的乡村建设团体出现后，人们愈发重视在大好的形势中借鉴并活用历史上已有的成功经验，使手工、民艺各组织充分发挥继承德业、凝聚同业、修习术业的重要平台效能，愈加灵活、高品质地为工艺、美术、设计在内的各相关分支领域，以及对之充满期待与兴致的普罗大众，提供更具思辨旨趣和多元共享价值的新体验。换言之，就民艺及其人群发展的内部规律看，我也并不推崇东瀛当前的"人间国宝"制度。他们已进入了强调"只有一件最好"的特殊阶段，将之以异常高的价格贩售给消费者，如果觉得这代表着手工文化的巅峰，似乎就必须以购买宣告臣服。学理上，这实际成了利用社会学或者社会人类学手段而介入艺术的一类需要警惕的典型场景，其希图将日常、易耗的手工成果推举为具有唯一性、排他性的"经典艺术"。而我们现在提的类文化，便是面临这个现实情况展开讨论。陶瓷艺术家们也开始常把"最"字挂在嘴边：用的原料最好，机器最好，烧成工艺最好，等等。事实上，民间艺术从手工和劳作的角度说，只要好用便是最好，这方能体现出那种对人间最大的开放、包纳和推动。

可以如此理解，"最"的本身是经典性的，但这样的经典性如果就"经典艺术"论，便构成了不可撼动的"经典存在"，作为强烈的"名词"以符合其独占的特色。倘落在"民间艺术"上，则往往强调的重点仍要回归其"形容词"属性，并以之修饰人间众多具体之"用"的机能，这是庶众日常的必然规律。具体到手工行为中，其"经典性"是要在"用"上实现和升华，一旦没有使用，就宣告着丧失经典价值，而所有将其摆设起来形成一种割裂了的观看，只能是这种"经典之用"的低端外围和幼儿戏耍罢了。据此，我有必要提醒，关注手工文化不能只想着"扁平化""平面化"的审美趣味问题，那些看似无趣的"百姓日用"才是真正大道。而且，此"道"往往以"类文化—类古典—类经典"的形态出现，我们要充分领悟其间智慧，非是将其草率地处理为"俗务"，而要充分理解"类"的进步性、革命性。莫忘了，先辈正是如此绝不守旧地存活下来，而我则乐意将此定义为"经典的类化"。

  这里提及了两个"类"——"类民艺""类手工"，目的在于同人们理想中的那一批其实是在历史语境中不断变化着的概念展开对照，也是关于近似、类似的"去经典化"的表达。② 由此，实际承认了"民间艺术""手工文化"确已进入新的历史阶段，原先想象中的乡村、城市二元对立正急速崩解，村域在缩小而乡间整体的幸福指数在一部分地区甚至完美超越城市，旧的对于民艺和经典艺术之间的关系构建同样随之坍塌，这是一个全球治理下的真切情境。至于城市的边界，也在全方位地划入乡村。以中国美术学院为例，20年的象山校区建设就是杭州城市扩大的显证，历经著名专门高等院校如此的介入和梳理，杭州西湖区转塘街道已是一处非常成功的乡建核心示范区，作为原先杭州本市与所辖富阳区的接壤地段，甚至有了包括电影、音乐在内的艺术类博士阶段高阶培养和博士后科研流动站。也恰恰基于地缘身份的转换，在社会生活和艺术表现层面因之就有了"类乡村"或者"类城市"的情境，以至于原先的"返乡"之"乡"可能已是今非昔比。再从另一个层面看，原先城市的先进机能同样可以在乡间大量寻得，我们已难说清在杭州转塘这个曾经的乡野中的创作就一定是"农民画"了。甚至夸张地理解，其内的悖论近似于美术机构训练出来的"儿童画"不能草率地被称为儿童的天性创作那样。只是，不得不追问一句，现在的父母到底能有多大的勇气接受原本那些率真、自然的儿童画呢？的确，对于乡村、儿童，以及就连对于手工、民艺等的美好想象，都可能是被来自城市等的资源精密训练过的，一如网络消费所促成的"淘宝村""微店村""抖音村"中所见的乡民生活那样，已是清晰且彻底地建诸科技至上的理念内了。

这般境遇中,"类手工"和"类民艺"也就自然迸发。尤其是当前,大量原先地域性的天然物料有了新的非本土运用,同时石油化工制成品对之也实现了堪称全面的混入和替代,跨媒介试验还悄然在旧的民艺、手工创作行为中普遍出现……必须承认,这就是"类民艺"现象,继而说明了以地方族群的人类学要素为根基的"经典民艺"大厦悉数垮塌,新"民艺学"所处的是一种"都市社会学"土壤,至少是大面积"类都市"和"类都市化"的。若荒疏了对此关系的讨论,将导致人们看不见"城中村"里的新手艺,遇不到"画家村"里的新生产,短视地只想着引流、增税,继而在一波波新浪潮竞逐中,令"空心村"尴尬地被填补为异域者的"伪原乡"。

当然,笔者更认为,相对于"经典民艺",这般的发展路径其实就是"新民艺—类民艺"之下,"新手工"或"类手工"的重要现场,中国美术学院和所属民艺博物馆,正是其间一支重要的训练和启蒙力量。或者可以这样理解,高等专门院校的教育以及美术、民艺、设计诸馆的存在目标,是针对性地展开综合高级造物新旧仪节的扬弃与传习,继而提示、鉴别出真、伪"民艺""手工",并就其间各色成果的关键宣导与再生提供核心示范。总结而论,这些当是一类"社会礼教"的"存在主义"运动,如此方能彻底践行蔡元培先生"以美育代宗教"的宏愿。

## 二、晏阳初的讨论

"新民艺学的土壤"让我想起前贤晏阳初,以及晏先生自20世纪二三十年代启动、影响全球的乡村建设试验。当年,晏先生即认为农民青年的训练是乡村建设的根本基石[③],而所谓"下乡"工作不应是救济,而是对于农村的深切关注,并应当全范围地促进乡村的自觉发展,以令"农民生活科学化"。[④] 在我看来,这些观念与中国美术学院的创建者蔡子民先生所思所想可谓契合。

不过，现在反观，面对"类乡村"化情境时，青年训练已由设置在"类乡村"地区的，或者可以说是由直接生长在乡村的核心机构，如大学等基本贯彻了。不少前辈知识人所希望做到"去精英化"地修正士绅阶层的"坏毛病"，使得乡村与都会在精神品质上能有更多的对话平台和共通语言，这点已由根植于城乡接合地区的大量精英大学实现了。此乃晏先生所希望，通过政治化行为对乡民、乡建工作提供实质帮扶和资助，继而以家庭、学校及社会合一的方式来推行社会化教育。⑤ 精英大学的"入乡办学"令村社里出现了"类乡民"人群，同样不能忘了，事实上也出现了"类市民"人群。只是，此种教育在当前环境中，仍有着墙内墙外的区隔，高等院校的社会服务固然是一个打破壁垒的途径，但社会服务多数时候只能被视作知识寓教于乐的基本普及，那些深切寄望提高训练成效和深度的工作又须依赖博物馆系统引动，继而施加更大的素质提升力量来展开。此亦系我所理解的，国美民艺馆作为校内思想向高层次深化、校外智力向教育现场导引的，"内化外引"式核心节点的理论出发。

至于剖析晏先生的思想，不少研究均已议及，其是受早期对"苦力"的切近观察而逐步产生的，深刻体悟到苦力有善性，有苦力之力。⑥ 而笔者认为，这还是建立在传统礼治之善的一面的训练之上。同时，晏先生强调对此种"力"的发扬，更是一种对平民的信任，对他们潜藏着的卓越品质所揭示出的一切可能的尊重、褒勉与推传。换言之，我们在处理当前"类民艺"问题时必须清晰意识到，如果过度强调"大师"作品的经典性，要求早已步入跨媒介状态的一切新创作重新"毫无保留"地退回到传统技法的训练中，继而又通过经典化"大师"，人为地将其与技术转变成壁垒，实际是走向了"新民艺"的对立面，否定了属于这个时代的新的平民之美，以致颠覆了晏先生等先辈所强调的城与乡、大师与平民间的不矛盾性和可协作价值。

晏先生早年也不断提及乡村建设中需要关注的社会结构问题，包括文化、教育、农业、经济和自卫方面。⑦笔者近年来也反复强调一件事，包括通过全国政协委员的提案和国家政治层面的安排逐步协力助推美育工作完备地纳入家庭活动之中，系统地充实到家政人员的业务培训之内，目标是令能够家政人员同样能有美学上的发展，接受美的培养而不只是熏陶。可以说，相对于早年具有革命性的简单尊重苦力之力，上述工作是新时期强调提升"人性之力"的一个重要面向。晏先生对此类规划曾做过非常重要的提炼。他的"六大教育目标"，即劳动者的体力、专门家的知能、教育者的态度、科学家的头脑、创造者的气魄、宗教家的精神。⑧这是20世纪40年代的话语，如今我认为宗教家应替换为美育家，这就是我前面说的，希望在优秀照护群体的养成中亦能强化美的教育，进而将家庭生活美学化。其直观的结果不仅是去除美盲，还能高层次地美化周遭，进而逐渐抹去城乡隔阂，消磨"类文化"所带来的独特尴尬乃至精神苦痛。

也因此，重新审视晏先生的工作，足可为当前蓬勃发展的艺术乡建"新浪潮"提供理解问题的别致角度，亦可为美术、博物馆系统如何面对一种新的全局性知识生成大趋势带来关键启示。首先，我们必须注意到院校美术馆、博物馆实际已进入了艺术乡建的核心场域，尤其是艺术院校现在广泛进行的工作不仅存在"类手艺""类乡村"的动向，还出现了一波非常重要的"新国际化"行为。比如当前的乡村景观改造中，不少是在联合运用本地与非本地的植被，配合着包括风格都经特意处置的主流现代钢筋混凝土建筑。甚至可以说，有些所谓改造是透过不断对本地资源摧毁性重构，刻意营造出一脉"类文化"的"类情调"。与此同时，我们的乡村后代不少是由国外留学返归，视野、趣味均已扩大且全球化，不消说日常同样大量用着西洋科技装备。我们当然认同这些情形相对于乡村发展而言,既不应是固有的原罪,也非本土特色推进的掣肘。用最通俗的话说,就是不能把"土"当作美,不能将"洋"视作命,重在兼容并蓄、开拓创新。至于博物馆系统的功能属性及其必然滞后的特点也决定了,古老乡村的那些旧的物质、技术化内容于其内倒是应能得到相对妥帖的记录与保留,此便是博物馆的基本价值——承认过往、存藏凋亡、启迪新智。不过,应引起重视的还包括,理论上,凡此时此刻艺术乡建正在推进的,均应且能够在美术、博物馆中得到呈现,毋庸置疑同样应当在民艺馆内摆列、阐发,并以之引导、教化学子和大众。

紧接着,便不难理解所谓"去精英化"在晏先生的理论中指向的便是"新青年化"。艺术乡建所推进的工作是由青年知识人群大量承担,早年晏先生期望借助训练青年乡民以形成乡村建设的实绩,并据之获得良性的循环。现如今,我们为何如此大力度地以创意产业的方式推进艺术乡建,正是因为已经经过几段历史建设时期,完成了知识青年的基础训练任务,实现了广义上的"文字扫盲"。所以,乡村建设的总体格局进入了"类城市"化时代,曾被认为愚昧的乡村倒是成了一大批当代都会人的身心归宿。由此,我多年前已反复强调,不应再使用"下乡"等多少带有歧视含意的语汇,不必轻易假设乡间就是等而下之的蛮荒山野,倒是应突出更具古典气息的比如"采风"等概念,而非草率地将"下乡"变成精英式的掠夺、介入和干预,以及粗陋的袖手旁观和嘲讽取乐。至于民艺类的博物馆,不可自命为西方那些早已落伍的人类学观念策动下的"东方学"阵地:如若仅是猎奇式地布设上"乡土",以供寰球现代"高等人士"笑闹间赏玩,这反倒是对传统与故土的极端不敬重和大亵渎。那么,可以这样理解,"新青年化"的工作不应是浅表地照搬西方辞令,比如我时常提及的,学院的课表就不该单独、堂皇地出现英语"workshop"等,而中文的"工作坊"等讲法完全可与之并行不悖地共存共用，借以提醒青年们不可忘本且必须进步。

乡土值得我们重视的本质是什么？这需要通过美术、博物馆系统，准确地说，是亟待凭借如民艺馆这样架在艺理和博物、都会与乡邻之间的一道桥梁来提炼并凸显。至于民艺馆的公共教育意义，更是表达在如此逻辑上以执行"美盲"的扫除，继而达至一个高级的"去精英化"：美如果普及了，那么某种意义就不存在"精英"，因为"伪精英"便是讨巧地对明明"不美"的物事盲目自信和自专。反向观察，在当前"类手工"时代里，新青年又可为美术、博物馆系统提供什么样的展示资源呢？这倒是馆方策划者、管理者们需要直面并协理的一个时代新问题。落到设有民艺馆的高等院校教学中，我们必须不断地自我设问：是不是又"过剩"地提供了一个社会化手工市集的高端、冷艳版，并企图孜孜矻矻地将劣质的"类文化"，乃至将毫无内省力量的"伪文化"包装成为"主流文化"？还是，针对不同的个案都充溢着难以替代的清晰洞察和哲理思辨，进而完美地实现其等各具特色、各得其宜的优质空间置入。

所以，第三，我们的工作当是"去矫饰化"的，其最终指向乃在当前所处的关键历史转换期内，坚持一种与生活不割裂的"新物质化"及"新组织化"。我们国家在早年扶贫开发的基础上已有了乡村振兴局的制度安排，只是实际执行中，该局的目标仍以巩固脱贫攻坚即拓展经济致富为核心，而乡村文化的发展多需依赖文旅和教育系统的微观工作来贯彻。只是，文化和旅游部门为了实现乡村整体面貌的快速进化，短期内不得不沿用未必合宜但仍有一定经验可循的现成格套，这往往成了某些"地景式"项目易于被民众诟病的核心症结，最终自然触发了各色"伪文化"的粉墨登场，因之无法全方位释放本地应有的文化复兴动能。

晏先生非常重视并强调政治性的制度安排，这源于他长期希望的，通过乡村建设和青年训练以重塑新时代礼俗合一的有机社会体。回到手工和民艺，结合晏先生的理解，当前"乡土"的本质，是新青年通过新教育能否在"类乡村""类都市"社会环境中找到扎根、生长的出路。新手艺不仅是他们谋生的重要工具，还是他们自觉精神的终极归宿，这是乡村建设摆脱只靠扶贫接济一途的重要先导观念，也是新民艺理论的构成之基。换句话说，新旧手工技艺的存在宗旨和重点，正如晏先生所窥见的，乃在不断发扬人之善性的智慧劳动及成果，而我们美术、博物馆系统的工作则是成为此类善性艺术化表达的，全方位、集中态破译和诠解的高级平台及精妙场域。

1937年，晏先生在《十年来的中国乡村建设》中有过一个提法——"学术政治化、政治学术化"，他特别还说，希望"行政机关教育机关化"。[9] 笔者无意粗糙地套用，说"手艺政治化、政治手艺化"，但对这种论述被误解的贬义内容，实际是要尝试转化为褒义、正向的思考及行动：借由各政治层面的制度安排，令行政机关对民众多元生存、工作提供实质的协力和资助；同时，发动教育者投注研究力，使受教成为礼仪化和规训化的过程。贯穿其间的则是新手工所带来的种种造物，而行政机关不再只是晏先生时代所期许的简单的教育机关，这已被大量的高等教育单位代替了，倒更应是一类礼的制度性组织，民众将同他们一起推演新的高尚的生命活动。[10] 借此，可以这么理解，相对于政治行为而言，那些粗浅的艺术行为本质是矫饰的，倘若将艺术政治化，那么矫饰将得到转变。当然，如此的"艺术政治"，不是草率的行政口号及宣传，倒是建立在对生命本已存在的艺术规律，对包含了电子等超越性技术的"新民艺"和"新手工文化"的虔心尊崇之上，继而重新将由此生发的礼与内省置在首席，而非只是盲目关注作为其衍生品的政治本身。

据之，可以说，"新民艺"是生民之礼，"新手工"是人性之器。我们中国人实际是政治的前身——礼制所养育长大的一群人，而礼制的世俗化就是礼的仪式，并由"礼仪"最终转化出世俗的伦理和政治关系。需要再明确一点，新手工文化、新民间艺术绝非可以简单地被现当代艺术置换，其间根本的区分在于手工制作重视体和心的长期砥砺，再通过身与思的艺术化表达来控制偶发，实现程式。而程式即礼仪，手工文化本身程式之美的价值，在于融通礼乐，不是彻底抒发个性。由此可见，就概念论，民间艺术较之手工艺术显然愈加随性奔放，前者或许可以等同现代艺术，但后者并非天生具备纯粹的现代性。后者要强化历史背景下的承传与适应，而于当前的生活语境内，必将出现旧关系的断裂与新逻辑的重组。晏先生早就提及，对农村的关注和乡村建设的不断推进，是来自鸦片战争之后中国人的共同诉求，是集体心理催生下的民族和文化的自觉。[11]当然，这意味着乡建运动和手艺发展在某种层面上就天然储备了自力更生的强大动能，因此蕴藏了祛除古典礼制所带来的偶像膜拜等弊病的惊人伟力。

韦政通先生曾总结过晏阳初先生的理论，认为晏先生领导的乡建运动对于重组传统文化不是要求进行全然变革，而是仍能与传统保持思想、精神上的联系。[12]再从教育学研究者的归纳角度看，晏先生是"以文艺教育治愚、以生计教育治穷、以卫生教育治弱、以公民教育治私"[13]的模式来实现，而韦先生认为其内呈现出的实乃知识、生产、健康和组织间的多元连接。比例而言，手艺的振兴同样不是粗陋的一刀切式改造。笔者多年来关注的正乃传统礼制行为中的社会公共治理问题，所以尤在"公民教育治私"这点上，常常考虑如何在政治及组织行为中将之落实，而晏先生所希望做到的就是通过知识力、生产力、健康力和团结力的重新获得来完成。事实上，民间艺术的本质包括了乡民在内的普罗大众自我教化、构造、保育和凝聚的重要路径，这对应了晏先生前述的四种"力"，乃一类通过物质的艺术化再生，贯彻难得的自组织创造模式的好办法。因为这样的自组织，是"新手工"本身对于人之精神的拔升，对于残旧思想的汰除，这呼应了程式之美在礼制和政治上所展露出来的高级价值。

承前，广东开平碉楼是当年"苦力"们以美洲等地务工挣来的资金盖起的建筑，这让我们重新思索南粤江门、中山各处现代早期的乡村建设风潮。不过，无论彼时还是当代，必须坦言，那种在乡间的洋楼是决然矫饰化的，现在将之视作世界文化遗产，却应是提醒人们其重点在于理解"遗产"的真正价值是"去矫饰化"。如此的诉求不仅彰明了20世纪初奔波海外的侨民对故土未必深刻却十分实际的"中体西用"般的改造，同时承载着一种多元且复杂心绪催发下的时代脉动，并可启迪我们以新的思路重新探讨眼前常会遇到的棘手问题。对此，笔者有一个总结，即我们所处的将是"去学科化"、跨学科化的新手工和新民艺建设时代，并与上述"去精英化"所涵括的"新国际化""新青年化"和"去矫饰化"贯通，此乃第四点。

"去学科化"的工作也是在面对碉楼那样的情况，面对当前乡村建设中各色状况而出现的一种特别筛选。比如，还是中国美院所在的杭州转塘地区的龙坞村，经过新发展后几乎没有别的农业类型了，只剩茶叶经济。这就是"类都市化"的选择，为了都市人寻找离身边最近距离的一个城郊茶园逐步形成，以至于转塘地区作为原先杭州的偏乡竟孕育出了复杂的现代茶商网络。不过，如此精细分工导致一个新问题，在地的精英大学似乎失去了跨学科的际遇，原先的蛮荒反而精致化了，学生们所处在的创作田野皆为微观且单一的形态。加之渗入生活几乎所有肌理的互联网消费，使原先的手工劳作在院校中逐步被"淘宝"的"外包接单"替代，而创作"扁平化"带来的"类手工"几乎快要转变为"去手工"了。的确，我们享受了电子化带来的"新跨学科"便利，但"类文化"这个时候却显示出其对纯手工所具有的巨大伤害，进而反证了"原始手工"本质上是一种古典时期的跨学科集成。有鉴于此，可以这么讲，倘若无法在院校中重新筛选出值得强化或者恢复的手工工作，反倒一味关心粗浅的形式模仿，那么我们曾经引以为傲的专业教育势必被科技和时代吞噬殆尽。所以，在手工文化中重视"去学科化"，其核心旨趣正如晏先生领导的重庆北碚乡建院教务长陈行可先生描述的那样，是"活的教育"，是"行动的教育，事必躬亲，自己的事自己干"，最终方可实现"含有新的价值性、全我活动的"真创造。⑭

　　民间艺术是由大量无名艺人反复积累、锤炼成的，艺人和技艺本身首先是一个综合体、一个集成点。同时，民间艺人还要承担包括初级医疗活动在内的多种社会行为，他们绝非分科教育之下就能四年、十年培养出来，而是需要经过长期"去学科化"生活训练方能实现。国美民艺馆展示的根本逻辑是强化"生活的艺术"，这正是民艺本身。但晏先生所期待的农民生活科学化，倒与"民艺"概念高度契合，所以笔者补充认为，民艺只有在生活科学化后才可完美，而这种完美是跨学科、去学科分野式的。我们现在不消说了，乡民们都在使用科技终端设备操持着各色农活，不过问题是那种属于培植高品质民间艺术的"科学化的生活"是否真正实现了？

　　陈先生"全我"的提法在当前美术馆、博物馆、民艺馆以及所有的学位教育中，均持续受到关注，这曲折呼应了民艺就是一个伟大的"类文化"问题的本质。所谓"去学科"的民艺，某种意义上近于大家熟知的东瀛：匠人使用的材料，即便连一棵树都是他自己小时候种植、灌溉的。当然，在目下的日本，此种"事必躬亲"的极致情形似也不多见了。所以，什么是我们现在需要的"全我"？"全我"是以"去学科化"的广泛可用技术，成全世界和个体的共同美好存在。在古典时期如此的"成全"自然依赖勤劳的双手和聪明的大脑，继而才催生了发达的现代科学技术。虽然旧的体系崩解，但手工精神的存在以及那种足可推动进步的人与自然协进的力量，才是"全我"的新任务：完全的我便是完全就着广达的性灵而尽情创作。如果做到这点，那么最起码你已经是一位人间的艺术家了。这不是贬低，是高扬，因为你是一个纯然且宽阔地成全世界的创造者，而不是一个汲汲于如何与时俱进地"拿来"的"伪艺术分子"。可以说，倘无以实现"全我"，那么精英化的劣根——社会系统的封闭和人际恶斗的纠缠，必将卷土重来。当然，手工劳动某种意义上倒又具备了突破程式、打破壁垒的内在驱力。同时，极有必要关注到，博物馆系统经过若多年的进化，其当代目标是成为"类人群"之间的纽带，使得大家能够更深刻地理解应当如何放弃隔阂而重新打开自我和世界。至于，在杭州转塘象山的中国美院校区，又是通过学术和展示令大量的"类乡邻"都感受到开放的"类教育""类美育"的持续熏陶，成就一项人类学意义上濡化与涵化并进的大工程。

所以笔者总在强调，良性地承传了古典博物学理念的现代美术馆、博物馆，包括作为形态上相对别致的民艺馆，终极目标应是建立一类"礼俗合一、艺教合流"的学科间的新共同体。相较于西方的猎奇与殖民，民艺的展示更是一类平和却充溢着庶众之力的礼貌且善性的选择。研究者总结过晏先生的理论来源，包括儒家民本的思想、科学的方法、民主的方式等，笔者也认同并乐于化用晏先生讲得最多的一个理念。因为笔者深刻地意识到其本质就是一种跨学科，甚至是无所谓学科分野的、艺术化的物质呈现，即民众的生活具备且需要科学化，民艺是真实、去矫饰化的科学生活土壤内最夺目的成果。至于新的民艺理论，又是建立在此基础上的复合并升华了的叙述自洽领地。它拓殖出的一切皆可在跨媒介、多平台融合背景里得到崭新且合宜的生活观印证，手工、科学、艺术等人的智慧精粹和终极表达，因之获得研辩急需的对话平台与阐释权力，切实回归其本初斑斓且不应遭到割裂的，立体、多元的生成和存续环境之中，继而终令艺术的观念和造物的嬗变，在方法论的推演之际，铸成完备的知识学新系统。

## 注 释

① 参见（战国）庄周《内篇·人间世第四》，载（清）王先谦撰《庄子集解》，中华书局2012年版，第46页。

② 汉语研究界关于"类文化"议题有过较明确讨论的篇什，目前主要为康兆春的《间性中的文化秩序重构——以汤婷婷的"类文化"为例》[《云南农业大学学报（社会科学）》2010 年 第 4 卷第 3 期]一文。康氏在分析美国华裔移民第二代汤氏（Maxine Hong Kingston）的小说文本写作时，借用比较宗教学家雷蒙·潘尼卡（Raimon Panikkar）的观点，提出不同文化间起等价作用的"等价物"便是"类文化"，其乃"跨文化认知的产物，它是力求在两种文化交互的地带寻求沟通的桥梁，它是一种文化的自我解密"，"存在于两种、三种或者更多的文化之中，它强调文化的间性，它们可并行、可交叉，它是新文化秩序构建的共同基点"。惟，当前本文的"类文化"概念，虽也有接近等价物的倾向，但更多则是指"类"的基本意涵："许多相似或相同事物的综合"，"类似"（中国社会科学院语言研究所词典编辑室编：《现代汉语词典》第7版，商务印书馆2016年版，第791页）。

③ 参见晏阳初《十年来的中国乡村建设》，载《平民教育与乡村建设运动》，商务印书馆2014年版，第228页。

④ 参见晏阳初《农民运动与民族自救》，载宋恩荣主编《晏阳初全集》第一卷，湖南教育出版社1989年版，第385页。

⑤ 参见晏阳初《十年来的中国乡村建设》，载《平民教育与乡村建设运动》，商务印书馆2014年版，第222页。

⑥ 参见晏阳初《平民教育促进会工作演进的几个阶段》，载宋恩荣主编《晏阳初全集》第一卷，湖南教育出版社1989年版，第390页。

⑦ 参见晏阳初《十年来的中国乡村建设》，载《平民教育与乡村建设运动》，商务印书馆2014年版，第221页。

⑧ 参见晏阳初《本院六大教育目标（1940年）》，载宋恩荣主编《晏阳初全集》第二卷，湖南教育出版社1989年版，第135—136页。

⑨ 参见晏阳初《十年来的中国乡村建设》，载《平民教育与乡村建设运动》，商务印书馆2014年版，第219页。

⑩ 按晏阳初先生彼时的定位，在分析了太平天国运动、戊戌变法、辛亥革命、五四运动和北伐战争（晏先生所说的"民国十五年的国民革命"）数次运动后，会发现"二、四次的运动比较和平。即是每一次破坏之后即有较和平的改良运动"，而乡村建设则是北伐后发生的又"一个和平的建设运动"："这个运动最少可以补救前五次的缺陷：第一，它注意及大多数人的教育问题；第二，它使国家的建设注意到求大众化的问题，而使国内人人都能相当享受国家的权利；第三，它注意到一切政令、法律、制度，如何与人民生活相扣的问题，使人民把国家的政令、法律、制度看成他们自己生活的一部分。以上三点虽未完全实现，但这个运动实含有此三种意义。"而这最末的第三"政令、法律"面向，从政治制度史的角度看，实际便是直接触及古典礼制的现代转化问题了。

⑪ 参见晏阳初《十年来的中国乡村建设》，载《平民教育与乡村建设运动》，商务印书馆2014年版，第214—215页。

⑫ 参见韦政通《"创造转化"与"自我实现"——论晏阳初的思想与人格》，载晏阳初《平民教育与乡村建设运动》，商务印书馆2014年版，第528、537页。

⑬ 马秋帆：《本卷前言》，载马秋帆、熊明安主编《晏阳初教育论著选》，人民教育出版社1993年版，第1页。

⑭ 参见陈行可《本院六大教育目标概述》，载马秋帆、熊明安主编《晏阳初教育论著选》，人民教育出版社1993年版，第278、281页。

# 区域性美术馆的学术定位探究

邱志军[*]

美术馆作为博物馆文化中最具活力的代表,它具备了承载城市文化信息的特质,能动态地收藏与反映一座城市发展的脉络和图像的更迭,成为一座城市的文化名片。正如范迪安先生所说,美术馆是一座城市收藏与传承美的地方。城市的发展不能离开城市文化的积聚与传播,而美术馆正是具有这种功能的社会文化机构。不同的城市具有不同的文化特质与性格,因此,不同城市、不同区域的美术馆就会散发出不同的艺术气质。贾恩·韦森(Jan Vaessen)在《博物馆文化中的博物馆》中认为,艺术博物馆(美术馆)是不同博物馆类型中最具特色的。一座城市的文化涵养与审美情趣往往会在其美术馆中得到体现。因为,不同文化语境下所产生的艺术家及其作品总是会从不同的角度对其城市文化进行表达与解读。

自21世纪初起,随着国家文化政策对公共文化事业发展扶持力度的增大,全国各地掀起了一股建设公立美术馆与民营美术馆的热潮,预示着美术馆时代的到来。美术馆作为公共文化体系的重要组成部分,如果没有构建起正确的学术定位与审美导向框架,将会造成公众资源的浪费。

---

[*] 福建省美术馆馆长。

对于各级区域性的美术馆而言，其功能都是围绕收藏保管、学术研究、展览策划、公共推广等基本项目和功能来开展工作的。但是，如何在区域性美术史框架下进行具有国际视野的展览策划与学术定位，并构建美术馆的形象和风格，这是至关重要的，其学术标准与学术定位是主要的文化坐标。笔者近年来一直从事美术馆学的实践与研究，试图从美术史学的角度、国际化视野下的区域文化资源推广与公众意识的建立三个方面对区域性美术馆的学术定位进行探讨。

## 一、从美术史学的角度

在国外，更多的美术馆被称为美术博物馆，其承担着重要的美术史梳理、研究、推广的职责。在国内，有一些美术馆虽然还较为年轻，但它们一直在向美术博物馆方向努力，比如湖北美术馆的"二十世纪湖北美术研究"的长期陈列、中华艺术宫（上海美术馆）"从西方到上海"等展览，它们都是在各自的地缘优势与文化视角上进行的美术史研究与展览策划。

各个区域性的美术馆因文化、受众、学术资源等的不同，直接影响了美术馆的展览策划与学术定位的异同。笔者认为，美术馆对于美术史的研究并非都要从全国的层面上进行学术定位，它们不能忽略了对当地美术史的梳理。正如时任文化和旅游部艺术司司长诸迪先生所言："地方美术馆的首要任务则是对所在地域的美术进行研究、收藏和展示，在此基础上再根据自身的条件和定位，在某一方面形成特色。但是基础的部分、基本的职能必须做好，否则国家整体美术格局就会有所缺失。"

众所周知，一个富有地域特色的、学术型的区域性美术馆对于一个城市文化的沉淀与传播是至关重要的，其建构则少不了美术馆人的不断努力。对于一名区域性的美术馆人而言，对地域美术资源优势的挖掘与梳理是其首要功课。如何通过所策划的展览来推广所在地域的美术特色，如何通过所策划的展览来对地方美术史的发展起到导向作用等，都是其工作的重点。

当然，一个独具特色的区域性美术馆的建立，并不是简单地请几位艺术家来做做展览，或是举办些节庆式大型展览，就能实现所谓的与国际接轨。不同区域的城市及其美术馆应具有不同的特色，其所承载的文化内涵及责任也是不尽相同的。美术馆人对区域文化底蕴的探析与表达，是需要建立在其对当地文化历史的研究及对地域文化的自信基础之上的。只有这样才能对在地的美术史及其发展有清晰的思考与定位，才能把展览的文化价值最大化，更好地建构区域美术史。

比如，2014年，福建省美术馆策划的文化部2014年全国美术馆馆藏精品展出季活动之"墨语流芳——福建近现代写意花鸟画名家作品研究展"就是一场以福建写意花鸟画为专题的精品展。作为中国近现代花鸟画坛的重要组成部分，对20世纪中期的福建写意花鸟画进行专题展出和研究是十分必要的。该次展览选取了宋省予、罗晓帆、顾一尘、陈子奋、郑乃珖等5位较具代表性的闽籍花鸟画名家作品。在展览筹备上，福建省美术馆还组织专人进行了实地调查、亲友访谈、文献征集和商借作品等工作，走访了福州、厦门、龙岩等地区的画家亲友和收藏家共计十余人，获得了包括作者生平年表在内的许多第一手资料。最后，从历年馆藏和此次向作者亲属和藏家借展的作品中精选了50件参加展出，其中馆藏31件、外借19件。本次展览不仅对闽籍花鸟画家的精品写意花鸟画作进行了有序而巧妙的展示，而且对闽籍花鸟画家及其精品画作进行了更为深入的学术研讨，提升了展览的学术价值；不仅为观众带来艺术美的陶冶，同时也为完善福建美术史的研究、为丰富中国近代花鸟画史尽了一份绵薄之力。

在收藏上亦然，一个区域性美术馆的收藏应当注重区域美术史的藏品的序列关系以及相关的艺术文本的完整性。只有这样，美术馆才能完整地理解本地域的文化特征，并在展览中阐释其地域文化底蕴，进而对区域美术史进行梳理、研究、推广。只有这样才能反哺并丰富区域美术史，才能让美术馆更充分地为在地公众进行美的教育与传播。这已经成为区域性美术馆的重要职责。

## 二、国际化视野下的区域文化资源推广

当"全球化""国际化"的概念在艺术界不断地被提起和研究时，地方美术馆所策划的展览也开始被放在国际视野中审视。这对于区域性的美术馆而言是强有力的挑战：如何运用国际化的语言与视野来进行展览的策划？当然，在从美术史的角度出发进行展览策划与学术研究的同时，还必须运用广阔的国际化视野对区域文化资源与学术优势进行推广。近年来，美术馆的国际交流日益活跃，作为区域性的美术馆不能置身事外，必须寻求自己的学术话语权。

美术馆以区域性美术史的梳理与研究作为基础，并不代表美术馆的运营不可以具有国际化的视野，恰恰相反，没有国际视野的美术馆是很难为人们所接受的。区域的、民族的才是国际的。作为一个区域的美术馆，应该是人们接受美、发现美的引领者，而且它应该是与时俱进的。例如：湖北美术馆近年来策划的国际漆艺三年展，从楚文化的母语出发，梳理了湖北漆文化的历史脉络和当代现状，邀请了来自东南亚、欧洲等地的优秀漆艺家，通过国际化的视野，把漆画、漆造物、漆空间艺术向观众展示，创造了一个触手可及的大漆世界，从而营造了一个高端的国际漆艺交流平台。应该说这是一个非常成功的案例。

## 三、公众意识的建立

公共推广是美术馆重要的功能之一，是社会公共文化体系的主要组成部分。对在地观众的审美接受与培养也是区域性美术馆的重要职责之一。美术馆公众意识的建立是其展览策划与学术研究的方向标。

近年来，美术馆逐渐从重视展品转向关注人，从典藏、研究艺术转向关怀、服务"人"。作为美术馆，应当越来越多地关注公众的问题，关注公众和美术馆、公众和艺术品之间的关系问题，甚至是在美术馆的空间中设定公众间的交流关系等。这关系到公共文化机构的职责职能、纳税人的权益、社会的文化民主程度等，更关系到一个进步的开放的社会对待文化的态度和观念，也就是公众意识的确立。

2015年儿童节期间，由福建省美术馆策划了"初心自然"少儿美育绘画展。展览以展示、现场涂鸦、交流、学术讲座等多种形式，以"回归自然，不忘初心"为主旋律，突出"抱朴归初心，童真自然美"的理想，让更多的少儿走进美术馆。这就是美术馆关注少儿美育建设和发展的一种人文关怀与服务社会的理念。

当然，美术馆学在中国还是一门年轻的学科，还需要几代美术馆人的不断努力与探索。以上观点仅为笔者近年来从事美术馆工作的一些粗浅的思考。

# 新时代美术馆公共美育创新与人才培养路径研究

胡 泊[*]

美术馆（museum）起源于希腊的"mouseion"，意为"缪斯女神的神庙"，后逐渐发展引申成"具有收藏、保管、展示和研究艺术作品"的场馆。现代意义上的美术馆始终与公共性相关[①]，美术馆的主要职能是收藏艺术作品，而其核心在教育层面，在公众的艺术教育启蒙、导览和专业的学术建设上都有着重要作用[②]。艺术教育在基础教育中的重要性，决定了美术馆需要反思在不断变化的艺术场景和具有挑战性的教育项目中的重要作用[③]。

2022年，文化和旅游部办公厅、教育部办公厅、国家文物局办公室共同颁发的文件中，针对如何改进美术馆美育工作的问题，提出应合理借助美术馆，创新利用阵地服务资源，搭建"文教合作"的平台，开展多种形式的美育活动。随着新时代美术馆的公共美育职能日渐突出，同时也面临新的育人课题：如何充分发挥美术馆的资源优势，如何转换美术馆的现有价值，以及如何提升美术馆的公共美育品质。因此，美术馆正逐步从原先"以展品为中心"到现在"以观众为中心"进行转型，彰显新时代"新美术馆"的美育使命和责任。

---

[*] 福建省美育研究院执行院长，福建师范大学美术学院教授、博士生导师。

## 一、新时代美术馆的新内涵与新特征

### （一）新目标：面向大众，重塑新时代审美

"当前社会最需要的，从博物馆文化方面看，一个是道德，一个是美育。"④新时代大众传媒发展迅猛，美术馆的公共美育活动受众范围扩大，公共美育服务的对象及审美需求同时也具有显著的多样性。除学术研究、评论以及馆校合作等美育教学需求外，社会各领域的群众逐渐参与到美术馆的公共美育活动中。美育作为最广义的"感性教育"与"情感教育"，在人类的基本智能中是最基本的构成部分。⑤通过美术馆的公共美育，有助于加强人们情感智能的培养，丰富人们的审美体验，提高公众文化素养。从这一角度出发，新时代新美术馆公共美育的新目标是多层次化的、可发展的，不仅要对社会审美修养的总体水平提出要求，还要对个人审美体验的个性化发展提出要求。为了更好地优化美术馆公共美育的实际效果，新美术馆公共美育的过程应兼顾美育实践的普遍性、特殊性，以及层次性与发展性的特点。

### （二）新空间：沉浸互动，打造多元审美空间

新时代信息科技发展迅速，许多创新性的新技术被广泛应用于各个领域。从当下的发展来看，"互联网＋教育"的结合加快了现代化教育手段与方式的创新，在美术馆中也是如此。美术馆开展美育常见的形式是将美术课堂搬到美术馆，利用美术工作室、美术馆进学校，在线课堂、虚拟展厅、互动游戏平台等多种形式。⑥新时代对美术馆的空间提出了新要求：美术馆不能局限于美术展览、活动组织、学术研究辅助的传统意义上的空间概念，应开启"以技术变革为发端，多元审美创新"的新空间模式，实现认知上的突破，加快传统空间向多功能美育空间的转变，让美术馆的各类作品资源和活动充分渗透美育的价

值内涵、目标和导向，使其在公共美育中发挥价值，进而确保美术馆能够成为新时代美育思想传播的有效场域。

### （三）新平台：汇聚合力，搭建美育资源平台

美术馆公共美育是依托于美术馆及馆藏资源进行美育的活动，美术馆的场所空间、设施设备、馆藏作品、研究成果、关联资料等都对美术馆公共美育的效果产生一定的影响。为确保美术馆公共美育的效果，首先应搭建并完善美术馆的美育资源平台。在美术界和美术馆领域，如何通过美育平台去"活化展品"，使陈列在美术馆的存储物"转化为有着文化含义和美学温度的展示物"；同时在资源转换过程中，"让每件'信息物'与殿堂空间结合，与人的观看行为和文化感知发生关系"，发挥艺术作品"在'接受论'层面的作用，成为有逻辑叙述中的'美育物'"，[7]使美术馆的美育资源新平台能够以丰富多样的美育内容、形式，全面支撑新时代新美术馆公共美育活动的有序展开，令美术馆"活"起来，提升美术馆公共美育的实际效果。

## 二、新时代美术馆公共美育的活化内容与路径

作为公共美育实施的重要载体，美术馆是艺术家和艺术作品的重要出发点，学术研究和观众互动有机结合的转换器，赋予美育、美术馆与社会大众一种"活态之美"。例如北宋时期王希孟所创的传世名作《千里江山图》，经过创造性发展和创新性转化，可以有用舞者之身勾勒出如诗如幻无垠山河的舞蹈诗剧，有用科技之媒营造出沉浸式智慧文旅的艺术展览，更有用现代之技打造出深入生活的文创周边。所形成的民族风骨与文化气派，使大众的审美重新焕发出生命力。公共美育的活化，需找到传统文化与现代生活的契合点，让展品"潮"起来、

美术馆"活"起来、展览"动"起来，唤醒人们的历史记忆和文化认同，培植更基础、更广泛和更深厚的文化自信。

"活"的展品，重塑展品的耦合性，刷新历史文化的存在感。打破传统常规孤立、静止的展品陈列特征，运用新媒体技术及相关文化背景迁移，使展品富有全新的生命力。一方面，借助数字投影，将为艺术品的数字展示提供新的样本，改观公众隔着玻璃橱柜观看作品的境遇，获取更为沉浸和互动的参与体验；另一方面，与多机构跨行业开发的数字作品，在演绎原作的同时也具有了自身特质的"数字"作品属性。[8] 在此基础上进行对展品的"活态"展示，扩大文化辐射与社会认知，激发美育生态，打造有生命、有温度、有情感，激活展品的人文历史与审美内涵，重建展品与观众的多维联系，回应当代历史文化与审美需求。（图1）

"活"的策展，重构策展的多元性，提升社会大众的参与感。将根据受众年龄、目的诉求，细分观众分层，洞察体验感知。除此之外，结合本土资源，非遗传承，融合线上线下等多种形式再创造与再开发，聚

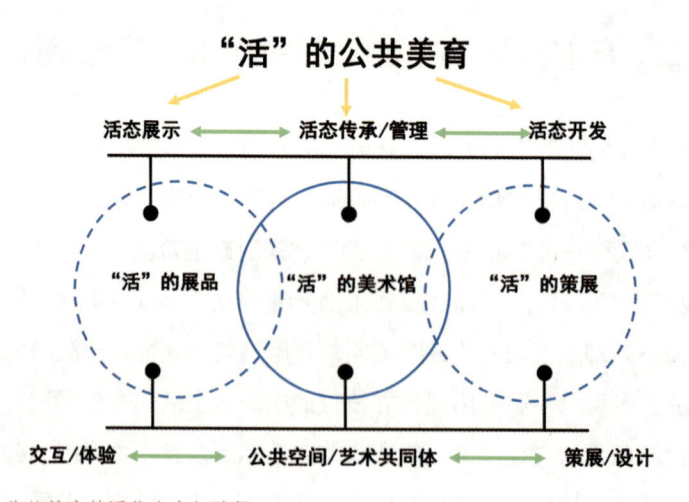

图1 公共美育的活化内容与路径

合民俗民艺，搭建非遗平台。如乡村美术馆的建立，保藏乡土资源、传扬原生文化，构建出属于乡村生态文明的藏品系列。艺术的审美作用转变为教育新价值，让美术馆成为乡村公共教育的思想地，促进美术馆在乡村振兴等方面，达到潜移默化的普及、育人作用。⑨ 如此将策展开发为具有美育意义的活动与议题，重新焕发其当代的价值与生命。

"活"的美术馆，重建美术馆的影响性，加持公共美育的认同感。针对相对开放的艺术公共空间，整合周边资源的教育平台。加强美术馆、博物馆及各大文化场馆间的资源共享，文化资源强强联合，围绕美术馆进行主题场景的深度打造，拓宽美育辐射能力与传播维度。采取线上线下融合的方式，拉通馆校合作，充分利用丰富的公共资源，集成公共美育产业格局的打造，以教育、娱乐、充实（Educate, Entertain, Enrich, 3E）为导向，通过在文化、娱乐、教育和技术跨学科合作，使用讲故事和尖端技术，支持大众直接参与真实的美术馆空间。⑩

## 三、新时代美术馆公共美育人才能力与培养路径

### （一）新时代美术馆公共美育的人才素养能力

面向未来的公共美育人才素养包括人文历史与艺术审美、美育资源整合与研发、观众行为与心理研究、项目策划与协作管理及媒体技术与传播推广等，这些素养能力不局限于美术学科，而以艺术为出发点，呈现整体性和综合性。

#### 1. 综合艺术审美能力

要想达到良好的美术馆公共美育效果，相关工作人员必须具备扎实的美术与美育知识基础。就美术基础来说，如果相关工作人员对美术馆、美术学科、美术艺术理论、美术作品等一知半解，那么就很难真正尊重、发现、挖掘并利用美术馆中的优质美育资源。就美育基础

来说，美育是一门交叉学科，与教育学、文艺学、社会学、心理学等密切相关，有其自身的发展规律，要想提升美育效果，需要运用一定的手段和方法。传统观念认为，审美教育主要通过寓教于乐、耳濡目染进行，但是要想达到更高层次的审美濡染效果，势必需要进行目的性、策略性的引导。如果工作人员轻视美育的科学实践，一味认为美育是将美术资源呈现出来，受众就能自行耳濡目染，自行达到美育目标的话，那么美育的效果势必不尽如人意。因此，新时代美术馆公共美育人才需具备扎实的美术基础和美育基础，掌握有关的方法和技巧，有效利用美术馆美育的各类资源，科学规划美术馆公共美育的方案，引导受众感性的审美体验向理性的审美观念凝练、转化，增强美术馆公共美育的系统性，提高美术馆公共美育的有效性。

2. 跨专业、跨领域的创新能力

公共美术馆是非营利性的机构，但出于持续性运营的考虑，公共美术馆也需要重视经济效益。因此，美术馆的活动主体和客体日益多样化，除了参观者，还包括各类美术活动、讲座等的受众。再加上近年来随着馆校合作的开启和深入，学校的教师及学生也成为美术馆活动主体和客体的组成部分。面对日益多样化的活动主体和客体，相关工作人员必须认识到美术馆公共美育工作的跨专业、跨领域、受众多元化特征，灵活应对不同的活动情境，推动美术馆公共美育活动的创新开展。例如在馆校合作中，美术馆公共美育人才应对"教"与"学"互动模式、各阶段学生身心特点等有一定的了解，提升馆校合作的质量与水准。"未来，公教活动不仅限于单纯做一个讲座，它将会有更多的形式，需要专员具有策展人的职业素养。"[1]换言之，新时代美术馆公共美育人才需要具有跨专业、跨领域的创新能力。面对时代的快速变化和受众需求的多样变化，应及时调整自身的认知，终身学习、广泛学习，不断开阔自身的专业视野，增进自身的专业化成长，以更好地投入美术馆公共美育的工作当中,发挥人才的创新引领作用。

### 3. 项目策划与协作管理素养

馆校合作是新时代美术馆公共美育的重要路径,对学校来说,"和美术馆教育部门开展适合学生身心发展的馆校互动教学,营造生动活泼的公共美术教育课堂,可以弥补学校美术教学资源的不足"。因此,当下馆校互动教育日益增多,不仅要求学校美术教师尽快展开教学方面的调整和自身的专业化发展,还要求美术公共美育人才具备一定的情境融合能力、教学沟通能力和合作执行能力。所谓情境融合能力是指公共美育人才应促进美术馆情境与学校情境的融合,利用各自的资源优势,构建有益于学校展开学生美育学习的融合情境。所谓教学沟通能力是指公共美育人才应更加主动,而不是被动配合学校教育活动的展开。对此,公共美育人才应加强与学校、教师的互动沟通,共同构建二者融合的美育空间。所谓合作执行能力强调的是公共美育人才的实践执行能力,即要求公共美育人才应能紧密关切时代的变化、项目的需求、创新理论成果的出现,与其他主体展开合作,及时保障美术馆公共美育活动计划的落地,确保美术馆公共教育活动能够高效展开,惠及更多的民众,提升民众的艺术文化水平和审美修养。(图2)

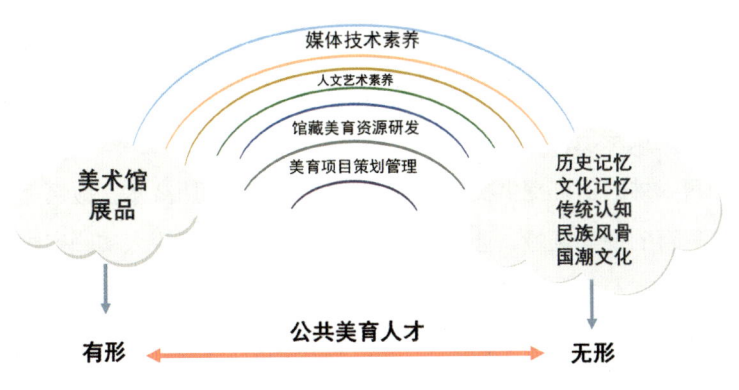

图2 公共美育人才与美术馆的关系

## （二）新时代美术馆公共美育的人才培养路径

### 1. 开展各类型学习与培训，夯实人才能力基础

新时代下美育的重要性已成为广泛认同的共识，美术馆在公共美育方面拥有天然的资源优势，自然也应承担起公共美育的重要责任。在过去，美术馆没有充分认识到公共美育的重要性，人才储备十分不足，也缺乏相应的人才学习机会、培训机会。因此，新时代美术馆公共美育人才培养首要的就是需要提高重视程度，建构和完善美术馆公共美育人才培养的计划，完善相关的理论学习与实践培训体系，夯实人才的美术专业基础和美育基础，充实美术馆公共美育的人才储备。从学习和培训的角度来说，美术馆应做好以下几方面的工作：第一，重视学习和培训在美育人才培养中的重要性，通过美术馆内部学习和外部委托培养的渠道，以尽可能规范、系统的方式培养人才，确保美术馆美育人才具有较为全面和扎实的知识体系与能力体系，做好美术馆公共美育的各项工作；第二，应完善和畅通美术馆公共美育人才的成长通道，并给予一定的奖励，吸引人才，激励人才，让人才能够更加积极主动地进行自主学习、终身学习，广泛吸纳线上线下的美育知识与经验，确保美术馆公共美育的人才培养具有长效性、可发展性和可持续性；第三，应丰富培训的内容和形式，挖掘美术馆自有资源和外部资源，设置特色化的美育课程，提高公共美育人才的审美修养，并引进多样化的创新形式，活跃公共美育人才的创新思维，为公共美育人才提供示范指导；第四，应强化公共美育人才的实践训练，为公共美育人才的实训提供良好的环境和条件，或利用技术，拟真美术馆公共美育的现实场景，让公共美育人才的培养能够深入实践当中，增强公共美育人才培养的针对性和实效性；第五，美术馆可以通过"传帮带"的方式进行部门人才的培养，并积极调动公共美育方面研究专家、老员工等的积极性，在培训中，在实践中，对部门人才进行帮助和指

导，教学相长，共同提升美术馆公共美育人才队伍的整体实力。

同时，在美术馆公共美育的具体项目中，公共美育人才应在活动策划、组织、执行、总结等的全过程中展现出强有力的管理和控制能力，以促进公共美育活动的践行能够真正达成公共美育的既定目标。鉴于此，部门人才培养中应建立科学合理的评价考核机制，注意人才之间的评价、考核、竞争与合作。也就是说，美术馆应对公共美育的人才进行及时的、阶段性的评价考核，在为人才培养设定的目标的基础上，实施一定的奖惩措施，鼓励人才之间相互交流、学习、合作和竞争，全面激励人才不断提升自身的理论认知水平和实践应用能力。总而言之，在美术馆公共美育人才制度、机制和组织结构的创新建设中，科学化的组织管理、项目管理和人才管理至关重要，有助于提升公共美育人才的总体服务能力和服务水平。

**2. 拓展公共美育服务体系，促进跨领域人才合作交流**

美术馆公共美育服务具有多重特性，是艺术、学术、知识、情感等交相融合的整体，因此在公共美育的服务中，公共美育人才培养观念应加快转变。公共美育人才不能只片面、呆板、狭隘地进行工作，而应该以更广阔的服务视野，正确对待美术馆公共美育中的多元要素，以一种补充、增新、拓宽、提高的方式开阔自身的专业视野，提高自身的专业能力，继而在美育过程中，激活各项要素在受众中的传播与影响，确保美术馆公共美育能够给予受众更多艺术层面的、学术层面的、知识层面的、情感层面的引导，促进受众审美水平的提升。从这个角度来看，新时代美术馆的公共美育对人才跨专业能力、跨领域能力、跨学科视野等提出了更高的要求。当下，美术展览进校园、进社区的活动受到了广泛欢迎，如以体验为特色的美术主题展览、以技术为核心的数字主题展览、以非遗传承和学生教育为主体的第二课堂等。这些活动取得了良好的美育效果，也提升了美术馆在艺术文化市场中的竞争力。未来还需要有更多的美术馆公共美育"走出去"方案，需要美术馆公共美育人才加强这方面的学习和训练，提高策展的学术水准和实践水平，扩大美术馆展览走出去的美育影响力。

在人才选聘中，美术馆大多选择与高校形成合作，将高校作为人才实训基地，选拔优秀的专业性人才。这一路径取得了良好的结果，美术馆得以更好、更快地将公共美育人才的需求传达给高校，在高校人才计划中提前做好准备，确保高校人才的培养能够针对美术馆公共美育的现实，培训出专业能力扎实、实践能力强、勇于创新创造的职业性人才。但这一人才培养方式是远远不够的，新时代美术馆公共教育面对的是更为多样的人群、更多丰富的诉求和更为复杂的社会心理情况，公共美育人才如果没有足够开阔的社会视野，那么很难真正适应美术馆、学校、社会、社区、家庭等不同的公共美育场景。

### 3.强化信息类人才的培养，紧跟数字时代发展步伐

随着信息科技的高速发展，信息化建设成为当下教育改革中的一个重要研究课题。信息化视域下，信息化水平是当下美术馆建设中的一项重要评价指标，美术馆的展览、收藏、学术研究、行政管理、版权管理以及公共教育都在信息化技术的应用中发生了显著变化，无纸化、信息化、规范化的工作模式成为普遍选择。信息类的公共美育人才是美术艺术与技术之间的桥梁，通过人才的运用和指导，新技术下的公共美育才能够更好地发挥美术馆美育资源的价值和信息技术的价值，在内容与形式的创新中展现出美术馆公共美育的独特魅力。

从美术馆公共美育的信息化建设来看，公共美育人才需要对公共美育信息化的资源挖掘、内容整合、形式创新、数字化管理等有更深入的了解，并将新的技术，如三维成像、数字放映、网络直播等应用到公共美育的实践当中。新技术的认识、应用是考验美术馆公共美育人才的一道难关。美术馆公共美育人才培养需要重视新技术的认知培

养，指导人才灵活运用各类新技术、新方法，并与时俱进地接受新理念、新技术、新模式的更新，提升以新技术为核心的信息化素养，高效地改善公共美育的方式方法，优化公共美育的效果。需要注意的是，新时代美术馆公共美育人才的培养还应当注意不同岗位的专项培养，其中包括信息部门负责人的培养、网络管理员的培养、数据库建设与维护人员的培养、线上线下美育专员的培养等。培养目标、方向与规格的拟定将大大保障美术馆公共美育信息化建设人才的全面性和专业性，推动公共美育信息化工作的有序开展。

## 四、思考与展望

随着全民素质教育与终身教育的持续发展，公共美育将得到进一步的重视和推广，并在引导民众审美水平提升、促进社会和谐等方面发挥更为重要的作用。新时代美术馆的公共美育绝不局限在单纯的艺术作品欣赏和相关艺术知识的讲解，更多的是让艺术品的美学价值、策展团队的审美意识与观众思想完成持续交流，从而发展成为全方位、多层次、宽领域的社会美育活动。

新时代美术馆公共美育人才培养应以美术馆公共美育发展的新内涵为基础，区别于传统美术馆的职能。重视公共美育人才基础知识的学习、跨专业跨领域创新能力的培养，以及执行力、沟通力、合作能力的训练，并在美术馆公共美育制度机制、组织结构、合作模式、理论更新、实践经验积累等方面深化对公共美育的理解，促进美术馆公共美育人才的知识培养、素质培养、能力培养和经验培养，全方位确保美术馆公共美育工作落到实处，提高美术馆公共美育的实效，使民众具有更高品位的审美情趣，唤醒特有的历史记忆、民族风骨与中华文脉，内心世界更加丰满，文化艺术素质大幅提高，全面增强民族文化的凝聚力与向心力，展现可信、可爱、可敬的中国形象，推动中华文化更好走向世界。

## 注　释

① 参见戴榕泽《叙事·情感·体验——关山月美术馆的美育与公共教育》，《美育》2021年第3期。

② Zhi Sun, Kai Wang , Zhe Li, "Construction of Educational Resources and Design of Learning Activities in Facilitating Museum Education", in *2019 International Joint Conference on Information, Media and Engineering (IJCIME)*, 2019, pp. 414-418.

③ Louise Anne M. Salas, "Museum Education as Arts Education: Enhancing Museum Experience and the Learning of Art Through the Vargas Museum Education Guide", in Pamela Costes-Onishi ed., *Artistic Thinking in the Schools*, Singapore: Springer, 2019, pp. 259-277.

④ 邢致远、李晨：《当代美术馆的美学核心价值和美育功能刍议》，《中国美术馆》2014年第1期。

⑤ 参见刘悦笛、贺嘉佳《从"公民美育"到"生活美育"——论美育如何推升文明、推动文化与推广艺术》，《美术大观》2021年第6期。

⑥ 参见赵倩《数字化时代的美术馆教育形式的探索》，《美术教育研究》2015年第16期。

⑦ 王萌：《探索策展语境下的典藏活化与社会美育——以"美在耕耘"中国美术馆新年展为例》，《美术观察》2021年第3期。

⑧ 参见晏燕《数字展示的未来：从今日美术馆的数字化实践谈起》,《美术观察》2022年第10期。

⑨ 参见张彪、张艺加《乡村美术馆社会美育功能的践行路径》,《美术》2021年第12期。

⑩ Brigita Strnad, "Children's Engagement with Contemporary Art in the Museum Context", in Marilyn J. Narey ed., *Multimodal Perspectives of Language, Literacy, and Learning in Early Childhood: The Creative and Critical "Art" of Making Meaning*, Springer, 2017, pp. 169-190.

⑪ 彭菲:《上海私立美术馆的"人才之困"》,《全球商业经典》2016年第5期。

# 亮出你的底牌
## ——策展作为立场与方法

李豫闽[*]

策展（curation）的概念在艺术和文化领域经历了深刻演变。起初：策展主要聚焦于展览的组织与管理。现代策展则转向创意构思和跨领域资源整合，旨在连接高端品牌、文化、艺术项目与社会大众，产生显著的经济、社会和文化效应。策展人的角色也随时代发展而变化，从常设策展人如博物馆或美术馆专设岗位，到专门从事策展的独立策展人。早期的策展人如18世纪欧洲沙龙组织者通过嘉宾邀约、空间布置以及议程安排来营造特定的文化氛围，以促进艺术作品的鉴定与收藏。这种做法与现代策展人的职责相似，即创造一个环境，让艺术和观众进行有效的互动和交流。古代中国，文人雅集和园林设计等也体现了策展元素。古代文人通过园林的设计和活动筹措，巧妙地展现了当时的文化风貌。他们运用空间、光线、色彩等元素，并结合文物、家具、字画等来表达审美品位并反映当时的审美品位。这些历史实例表明，策展活动在不同文化和历史背景下均具备独特的表现形式和社会意义。

---

[*] 教育部高校美育教学指导委员会委员，福建省民间文艺家协会主席，福建师范大学美术学院教授、博士生导师。

随着社会和技术的发展，现代策展更加注重创新视角和方法，不仅限于艺术品的陈列，而是致力于构建一种促进文化交流与艺术体验的平台。通过整合多元资源与视角，策展人创造出丰富多彩、深度解读的艺术展览，一些展览成为时代的标志，进入艺术史。如19世纪中叶的"落选沙龙画展"、1913年的首届"军械库展览"（The Armory Show）、1985年的"前进中的中国青年美展"、1989年的"中国现代艺术大展"，等等。

## 一、策展人应具备的素质与能力

策展人在其专业领域的成功依赖于多方面的素质与能力。他们需要具备广泛的艺术史知识和深刻的艺术洞见，以便理解艺术家与其作品背后深含的意蕴。同时，他们必须掌握策展相关的技能与技巧，包括展览设计、空间规划和艺术品保护，以确保展览的品质和吸引力。展览的成功与否也取决于策展人展现出的卓越的组织与协调能力。策展人需要精心安排展览的各个方面，包括选择参展艺术家、确定主题与展示方式，以及协调展览的日程安排、物流与展陈设计。这些组织和协调能力对于展览的顺利进行至关重要。正如美国当代艺术史家里·马尔科普洛斯（Leigh Markopoulos）所言，卓越的展览始于对那些表达人类共有感受的艺术品的深刻观察。这种卓越观察往往源自策展人的专业知识，他们能够识别出那些具有独特表达力和情感共鸣的艺术品。此外，策展人有时也能受益于特殊的机会或资源，例如与艺术家的密切合作或访问私人收藏。

例如，2015年在福建师范大学美术学院举办的"山高水长——周瑛先生回顾展＆周瑛先生捐赠作品展暨海峡艺缘——台湾当代名家邀请展"，该展叙述了福建师范大学美术学院与台湾现代艺术发展的深厚渊源。自学院创办人谢投八先生的家庭开始，便与台湾艺术界构建了深厚的关系，如他的长女和女婿参与台湾省立交响乐团和市立台北交响乐团的创建，为台湾艺术的进步做出了卓越的贡献，这种联系一直延续至今。周瑛先生1948年毕业于省立福建师范学院艺术科，响应校长唐守谦的号召旅台任教于省立台北师范专科学校，从教50载，桃李芬芳，尤其是培养了20世纪50年代的台湾"五月画会""东方画会"的骨干成员。周瑛作品两次入选巴西圣保罗双年展，任台湾版画学会首任会长、省展评委召集人等，直至在台去世。

时隔一甲子，周瑛重回母校。展览由周瑛先生回顾展和其弟子作品展构成框架，举办"周瑛及其艺术"学术研讨会，两岸12位专家学者做主旨发言，感人肺腑，启示后学。随后周瑛先生家属设立"周瑛周吴菊英奖助学金"奖励师生奋发有为。令人感动的是，周瑛学生林保尧教授决定将毕生收藏的台湾美术图书文献共计2万余册（件）无偿捐献给福建师范大学，才有今日的福建师范大学台湾美术研究中心。一次展览带来的不只是艺术品、社会效应，还包括文脉的接续，足以体现两岸艺术交流的深度和广度。

### （一）三种能力

在当前艺术环境中，策展人所需具备的素质和能力分为三个主要方面：策划能力、创意能力和执行能力。首先，深厚的艺术理论基础是策划优质展览的基础，这涵盖了对艺术史的深入理解以及对当代艺术形态的敏锐洞察。艺术理论为策展实践提供指导，帮助策展人深化对艺术家的思想、观念和风格的认识，确保在策划展览时保持专业和客观。对艺术史的深入理解有助于策展人理解艺术的发展脉络，从而挑选出合适的艺术品和艺术家。同时，对当代艺术动态的敏锐洞察力使策展人能够掌握艺术领域的最新动态，确保展览内容具有时效性和代表性。这些素质和能力在成功策划高质量展览中发挥着至关重要的作用。其次，策展人必须具备创意构思的能力，能够提出有新意且准确定位的展览主题和概念。这些主题和概念不仅需要吸引观众的兴趣，还应在艺术界产生深远的影响。为实现这一目标，策展人需要丰富的想象力和创造性思维，能够结合当代社会和文化背景，提出富有启发意义的展览理念。这些理念应深入探讨艺术作品的内涵，反映出艺术家的创作风格和艺术追求。最后，更重要的是，策展人还需将这些创意想法具体化，通过独特的展陈设计和精心规划的动线，引导观众进入艺术欣赏的情境中。这种转化不仅是将理念物化，更是创造一种引人入胜的视觉和情感体验。展览应能够展现艺术作品的多样性和独特性，让观众全面了解艺术家的艺术生涯和主要艺术风格，以及他们在艺术领域的地位和贡献。这样的展览不仅是艺术的展示，更是文化和情感的交流。

2020年，笔者策划了一场题为"林林峰　正午的分界"的展览，展名源自1900年法国驻福州领事馆领事保尔·克洛岱尔（Paul Claudel）在榕期间创作的戏剧剧本。这位法国外交官在福州待了六年，走遍城里大街小巷，对中国佛教和道教产生浓厚的兴趣，无比热爱福州。他的经历与青年画家林林峰的境遇正好形成反向的交互关系。保尔从法国到中国开始他的外交官生涯，百年过后，福州青年林林峰旅法求学八年，本来并无交集的两个人，因为某种机缘，从故乡到他邦，通过他们的文字、影像和作品，呈现了两种异域乡愁的重合与再现。展览现场邀请国内专门研究保尔·克洛岱尔的黄红教授讲解他的生平和文学艺术造诣，观众云集、反响强烈。该展被雅昌艺术"策展人影响力榜单"评为2020年度第二名。

### （二）三大环节

策展人在策划、创意和执行艺术展览时，通常遵循着"七三法则"。

这一法则强调了策展过程中策划的核心地位和重要性，将工作量分为七成用于调研、创意或执行，而三成用于策划。这个黄金准则在策展领域广泛应用，有助于确保展览的高效协调和连贯性。在调研阶段，策展人需要深入了解艺术作品、艺术家背景以及相关文化和历史背景。这一探索过程要求耐心、细致和专业知识，从大量信息中筛选出有价值的内容，为后续策划和创意提供坚实的基础。创意阶段是整个策展过程中最具挑战性和创新性的部分。策展人通过充分发挥想象力和创新思维，设计独特的展览主题和方式，旨在让观众在欣赏艺术作品的同时感受到策展人的巧思妙想。执行阶段涉及展览的实际操作和细节管理，包括布置、宣传、推广以及与艺术家、场地管理方等多方的沟通与协调。策展人在这一过程中需注重细节，确保策划的每个环节都能得到有效实施。整个策展过程中，策划作为核心要素贯穿于调研、创意和执行的每个环节，指导着展览的方向和最终效果。通过"七三法则"，策展人能够充分发挥每个阶段的优势，保持高效的协调与连贯性。此外，这一法则也提醒策展人要具备长远的眼光，考虑展览的长期影响和价值，努力打造具有时代意义和历史价值的艺术展览。

## 二、公共宣传与教育的媒介

21世纪以来，美术馆和博物馆在策展方面经历了重大变革，更加注重以人为中心的观众与物品关系，并承担了更多的公共教育职责。这一变革使得美术馆和博物馆不仅是艺术品和文化遗产的展示场所，还成为社会教育和文化传播的重要平台。因此，如何最大限度地发挥美术馆和博物馆在承担公共宣传和教育的作用，以及如何合理利用艺术场馆的宣传教育资源，成为当下策展人必须认真考量的问题。事实上，这也成为衡量一位优秀策展人的标尺之一。美术馆和博物馆的变革可以通过多种方式实现。首先，策展人可以精心设计展览，将观众置于参与和互动的中心地位，使他们更深入地理解艺术品和文化展品。其次，策展人可以借助现代科技手段，如虚拟导览、多媒体展示等，丰富展览内容，提供更多的教育资源。此外，策展人还可以开展教育活动，如讲座、工作坊、研学等，吸引更多的观众参与进来，提高公众的文化素养。一个合格的策展人应当能够充分了解观众的需求和期望，根据不同的展览主题和文化背景，有针对性地开展公共宣传和教育活动。他们需要具备敏锐的文化洞察力，同时还要善于利用现代科技和社交媒体等工具，将宣传和教育信息传递给更广泛的受众。最终，一个出色的策展人应当能够将美术馆或博物馆打造成为公众参与和文化传播的热点，推动文化教育事业的发展，为社会的文化提升做出贡献。

在新时代的美术馆和博物馆中，策展人扮演着不可或缺的角色。他们不仅是展览的组织者，更是公共美育的倡导者和实践者。策展人的使命不仅在于呈现艺术作品，更在于通过精心策划的展览，为观众提供深刻的文化和教育体验。历史上，博物馆和美术馆主要负责文物和艺术品的收藏与陈列。然而，随着时间的推移，这些机构的角色发生了显著变化。现代策展人不再仅仅是选择和陈列艺术品的人，他们已成为教育者、传播者乃至社会工作者。他们将策展视为一种教育实践，通过设计精心策划的展览和活动，向观众传递知识、激发思考，甚至改变观众的观念和态度。如今，策展已经被广泛认为是一种扩展的教育实践，这意味着策展项目不仅仅是简单的陈列和艺术呈现，而是把教育作为其核心要素。策展人不仅关注展览的外观和布局，更致力于创造引人入胜的学习机会。他们设计互动展览，组织讲座和工作坊，与学校和社区合作，以确保观众能够从展览中获得知识和灵感。此外，策展人还承担着促进艺术和文化传播的重要角色。他们通过展览和教育活动传达文化价值观、历史故事和艺术表达，帮助观众更好地理解和欣赏艺术和文化。他们不仅是文化的守护者，也是文化的传播者，推动着文化的传承和传播。

关于特殊资源的发掘利用，有这样一个案例：2017年，"'看不见'的美术——中国近现代美术资源研究系列展"中的"蔡谦吉文献展"在上海刘海粟美术馆开幕，这场展览的起因是前一年在福建师大美院举办的"被遮蔽的蔡谦吉"展而应邀赴沪展出的。机缘巧合的是几年前笔者回漳州度假时偶然发现了这批资料。2002年蔡谦吉的夫人林巧云从台北回漳州，在位于新华东路的老宅整理卫生准备出租时发现在阁楼夹层里放着旧报纸包裹的水彩杂志和照片，于是被当成破烂扔出门外。笔者的同学郭榕飞隔天即从古玩店里悉数买下它们，让笔者有幸看到这批珍贵文献，当即邀请郭榕飞携文献到福州办展。

蔡谦吉1918年考入上海美专，1922年毕业先在厦门任教，后回漳州创办"福建青年艺术社"，并不断在厦门、漳州举办联展和个展。抗战期间"弃艺从政"，当了古塘乡乡长。1945年，他成为国民政府接收要员赴台履职，历任台湾省立博物馆美术组组长。后来，"辞官返艺"，以画蒋介石肖像和为印刷厂设计为生。1955年，病逝于台北。他的孙子蔡沛然娶马英九之女马唯中为妻，儿子蔡龙与马英九结为亲家，传为佳话。

蔡谦吉的一生虽然短暂，但经历丰富堪称传奇，从艺、从教、创办社团、办展、宣传。他的水彩画风格显然与英国体系不同，更多地融入印象派对光色表现的着迷，这点或多或少地受到法国绘画系统的影响。而他登高一呼，高擎旗帜地成立社团，办刊、办展，极像他的老师刘海粟。此外，上海美专期间，他参加过美国柯达公司举办的第四期摄影培训班，因此，他为后人留下许多精美的影像资料。同时他与丁悚老师一道从事"艺术摄影"创作，可誉为早期中国摄影的探索者。此外，他弃艺从政，赴台履职，成为公务员尽心尽职，有趣的是为了生计重返艺术。正因为蔡谦吉从艺、从政，再到从艺的经历，加之跨越海峡显出特殊的意义。蔡谦吉资料的发现，填补了上海美专档案中1920年前资料的缺失，让我们了解到上海美术创办十年的师资队伍、教学条件、师生来源和课程设置等。这是那个特定年代极具魅力的艺术个案。

## 三、结语

策展在当下社会文化背景下，愈发显出其重要性：一方面，经济与科技高速发展，随之形态与情形转变；另一方面，亲历社会变革中的每个人都面临着观念与思维的转变，公共宣传与教育、公共话语权的掌握关乎国家的政治、经济的发展，同样深刻影响着族群、公众及社区的人文发展。

由此，策展就不能仅凭个人爱好或者趣味而为之，应有更高的要求，对策展人个体的知识结构、思维逻辑、组织协调能力都是考验，将一手好牌打臭或者把一手烂牌打活都是对策展的综合考量。

# 基于理解的公共美育课程设计
—— 在"城郊妖野——黄杰个展"中第一次与"杀马特"对话

邓 瑛[*]

## 一、策划理念

2021年11月,福建省福州市桂湖美术馆以高颜值形象向社会正式开放。

### (一)展馆基本情况
**1. 地理环境与社会性质**

桂湖美术馆坐落于福建省省会福州市晋安区宦溪镇,属于民营非企业公益性机构,是由地产售楼中心成功转型的经典案例。

**2. 建筑特色与空间规划**

桂湖美术馆是双层独栋建筑结构。

建筑主体与自然元素有效地结合,体现出设计师超越现代都市的理想。美术馆每一个展厅都能够呈现出独特而富有吸引力的气质。精心别致的空间设计、参展艺术家的灵感创作、策展人的智慧与能量释放,桂湖美术馆将三方完美融合,为观众提供优质观展体验。观众在

---

[*] 深圳市宝安区建安小学高级教师。

建筑中看艺术，在艺术中看建筑，充满想象力地与作品、作者对话，由此获得更多的艺术启蒙。

内部建筑面积约2350平方米，一楼是中空庭院式回廊设计，是三角环形展示空间。二楼设有展示、阅读、交流、公共教育三类独立的空间，因此展线被压缩，可展示面积为500平方米。一楼展厅主要计划推介闽籍、海归、驻地的当代艺术艺术家，二楼展厅主要计划海外展与跨界展。

3.研究方向与展览计划

桂湖美术馆研究方向定位是当代艺术。通过当代艺术来推动城市文化发展，并向公众展示当代艺术的魅力，为福州市带来新的文化内涵和艺术风格的同时，强调传承福州的文化遗产，推出多元国际性展览。美术馆每年推出展览12—14场。其中一楼展厅4—6场，二楼展厅7—8场。每年收藏作品10件。

4.展览视角与公众影响

在凸显桂湖美术馆本土与当代相结合的国际化定位的同时，为素人（原生艺术家）举办艺术展。美术馆自由大胆的尝试成为与其他美术馆相区别的亮点，为桂湖美术馆的展览广度增加创新视角。

美术馆通过公众号、百度、美团、小红书等网络平台进行宣传。根据桂湖美术馆公众号公布的数据，2021年11月至2022年11月，全年累计人流量6.8万人次。观众群体结构主要是家庭、白领青年等其他艺术爱好者，艺术职业圈人士对桂湖美术馆的关注度正日益攀升，老年参观群体相对较少。

## （二）展馆优劣势分析

当一个有社会责任担当的美术馆遇见一个有职业情怀的馆长，外有环境的加持，就构成了桂湖美术馆的天然优势，为桂湖美术馆的公共美育提供了丰富的资源，奠定了学术的基础。然而展馆地理交通不便，加上展馆的非公益性质，各种因素导致展馆参观群体多方受限。劣势与优势并存的桂湖美术馆面临发展的机遇与挑战。

如何变劣势为优势？如何持久吸引社会各群体？如何将桂湖美术馆打造成为社会关注、家庭信赖、青年青睐的高雅之地？如何让桂湖美术馆成为桂湖艺术小镇中心枢纽，以艺术产业带动当地经济发展？探索美术馆空间利用、拓展美育项目等成为民营美术馆学术领跑者的努力方向。桂湖美术馆的机遇与挑战二元并立。

基于自己熟悉的研究领域，桂湖美术馆已拥有自己的公共美育品牌活动：（1）为青少年儿童提供的公共美育项目：艺术展课、儿童策展空间、课程艺术赋能、儿童艺术展；（2）"公益导览日"；等等。但是，这些常设性或临时性的公共美育活动存在碎片化、零散化、形式化、热闹化、临时性、随意性等问题，整体性、系统性开展活动亟待深度探索。结合桂湖美术馆自身发展需求，探索青少年儿童艺术实践项目，策划者展开思考与策划。

## 二、待解决的公共美育痛点

### （一）公共美育目标

搭建民众与艺术作品之间的桥梁，让高雅文化步入民众心田，同时真正践行美育思想。

### （二）公共美育痛点与对策

根据美术馆公共美育情况调查，归纳公共美育的三个痛点：

痛点一：美术馆公共美育的碎片化、零散化。

痛点二：美术馆公共美育的形式化、热闹化。

痛点三：美术馆公共美育的临时性、随意性。

民众与艺术作品进行交流时，导览与导赏的讲解与观看的形式略显表浅。基于理解的深度交流需要公共美育从业人员基于真实情境出发，以艺术实践体验为手段设计单元性公共美育课程。此课程设计主要是解决上述三个痛点。

"以美育人，重视体验，突出融合"是美育课程基本理念，公共美育课程设计跨学科学习"1+N"模式是开展公共美育的路径。每场展览开展深化、细化的分析，公共美育课程设计围绕展览分析引导民众系列化、单元化地参与艺术实践体验和多学科融合学习，最终有助于形成美术馆值得社会可持续关注的公共美育服务优势。（图1）

图1 公共美育课程设计模式

## 三、公共美育活动设计依托的理论

"基于理解的公共美育课程设计——在'城郊妖野——黄杰个展'中第一次与'杀马特'对话"这个公共美育课程设计案例依托以下理论。

### (一)约翰·杜威《艺术即经验》

约翰·杜威(John Dewey)认为,教育是一种活动和过程,在这一过程中学校教育的真谛不在于获取事实,而在于获取他们的动脑筋的过程,以及随之发生的态度和习惯。公共美育,即便不受限于学校之墙,站在"育"的立场思考,公共美育的真谛也不在于获取事实性知识,而在于获取观众们的动脑筋的过程,以及被启发后态度和习惯的转变。

### (二)弗洛伊德《精神分析学》

弗洛伊德(Freud)认为,人的心灵世界可分为意识与潜意识,意识以现实为指导,而潜意识则不遵从现实的理性判断,潜意识是人内心深处最真实的表现。绘画的形式是艺术中最容易将潜意识显化和再呈现的,这样就在内心世界与外界社会之间搭建起了桥梁,使潜意识得到直观的表达。

公共美育活动设计应遵循受教育者身心发展规律,针对青少年儿童的公共美育活动理应参照《义务教育艺术课程标准(2022年版)》的理论、理念指导开展。

本着以上思考,课程设计者应当考虑公共美育各因素关系,美从立足于人、立足于生活、立足于发展这三个方面来设计。即尊重生命内在所需,扎根生活,在生活中实践,设计既符合人的身心发展规律所需,又符合公共美育系统化与规范化发展所需的公共美育课程。

## 四、实施过程/活动内容

### (一)活动设计主旨以及实施过程计划

#### 1. 公共美育活动课程设计主旨观点

美术馆根据艺术家的艺术作品,由展陈设计团队进行展厅功能空间规划、视觉呈现。不同层次的观众,有不同层次的理解反馈。事实上,一场视觉盛宴绝不仅仅只是艺术作品罗列这么简单。任何一场公展都应该全方位被理解。包括:艺术作品以及幕后的艺术家,展厅功能空间的规划效果,以及幕后的展陈设计理念。由此公共美育资源价值才能得到真正的理解。(图2)

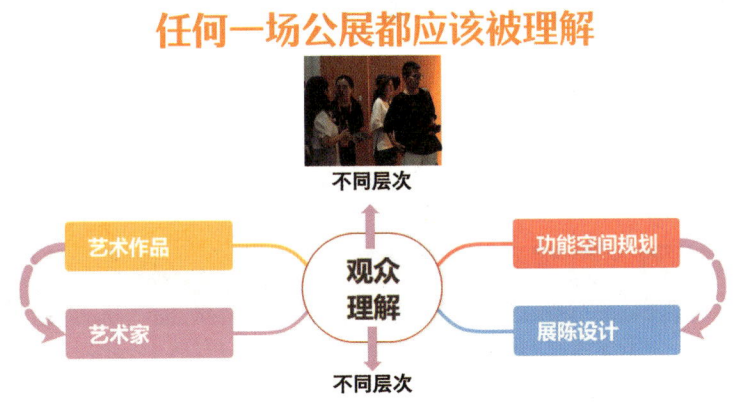

图2 公共美育资源关系

## 2.基于实践调查的策划与实践

表1 "城郊妖野——黄杰个展"中第一次与"杀马特"对话设计

| 基于理解的公共美育活动设计思路(单元) |||
| --- | --- | --- |
| 课程类型 | 美术馆公共美育 | 设计者:邓瑛<br>名称:国家艺术基金"新时代美术馆公共美育人才培养"项目<br>对象:深圳市宝安区建安小学 |

(续表)

| 展览海报 | | 线上展厅 | |
|---|---|---|---|

| 课程设计三个"立足" ||
|---|---|
| 立足于人 | 生命内在所需 |
| 立足于生活 | 生活所见、所思 |
| 立足于发展 | 人的身心发展所需，公共美育系统化、规范化发展所需 |

| 课程设计概述 |
|---|
| 妖野：意思是修饰，使貌美。<br>印象的妖：鲜艳、多彩，绚丽，被夸张修饰的生命个体。《易·系辞上》"冶容诲淫"，唐陆德明释文："言妖野容仪，教诲淫泆也。"<br>不能作妖：千古训教，至今依然。<br>"城郊妖野——黄杰个展"个性、敏感，究竟适不适合青少年参观？能不能挖掘这场展览的公共美育价值？而且还是面向不同观展群体的。以上问题，必然引发争议。职业美者必须勇敢探索，尝试解决。<br>"城郊妖野"：请理解艺术家黄杰，请理解公共美育即将面向的各类群体，请理解公共美育的教育目的 |

| 6—7年级学段目标 |||
|---|---|---|
| 目标1 | 学会感悟、讨论、分析和比较等方法欣赏、评述美术作品，感受世界美术的多样性 | 何为妖野 |
| 目标2 | 分析色彩结构，体验不同色彩结构所带来的不同感受。分析构图形式，体会不同构图形式的意义。提出各种构想，尝试用多种表现形式和方法创作美术作品 | 为何妖野 |

（续表）

| 目标3 | 使用不同工具、材料和媒介，采用写实、夸张、变形等手法，表现自己对生活的感受认识 | 如何妖野 |
|---|---|---|
| 目标4 | 能将美术与自然、文化、科技相融合，探究各种问题，提高综合探索与学习迁移的能力，养成尊重、理解、包容的态度 | 理解妖野 |

| 在生活中学习美术 |||
|---|---|---|
| 课题 | 在"城郊妖野——黄杰个展"中第一次与"杀马特"对话 ||
| 大概念 | "杀马特"是黄杰生命实践过程中的印象留存 ||
| 问题情境 | 为什么"城郊妖野——黄杰个展"作品中的艺术形象如此怪诞？ ||
| 基本问题 | 何为妖野：你认为什么是妖野？<br>为何妖野：艺术家通过哪些艺术语言凸显画面怪异？<br>如何妖野：可以借用艺术家的美术语言表达自己心中的妖野？<br>理解妖野：艺术家为什么用这样的艺术形式表达来传递自己的内心情感？ ||
| 关键词 | 妖野、杀马特、理解 ||
| 单元设计思路 | （图示：以"人（未成年）思辨思维 解决问题 能力提升"为中心，包含感知（多维度，观看、判断、阐释、评价）、表达（多种形式，艺术实践）、创意实践（归纳、转化，"杀马特"艺术行为与人心灵（信仰）的关系）、理解（描述、洞察、思考，文化贫乏的农村青年走向城市的半城市化的社会现象），挑战，在生活中学习美术） ||
| 核心素养 | 审美感知、美术表现、创意实践、文化理解 ||

103

（续表）

| | | | |
|---|---|---|---|
| 单元 | "城郊妖野——黄杰个展"中第一次与"杀马特"对话 ||||
| | 任务 | 艺术实践形式 | 主题 |
| | 任务一 | 欣赏评述 | 何为妖野 |
| | 任务二 | 造型表现 | 为何妖野 |
| | 任务三 | 设计应用 | 如何妖野 |
| | 任务四 | 综合探索 | 理解妖野 |
| 子单元目标 | 任务一 | 何为妖野（感知） ||
| | 小问题 | 快速浏览展览中的作品并回答：<br>"城郊妖野——黄杰个展"和你看过的美术展览有什么不同？<br>在"城郊妖野——黄杰个展"作品中出现了哪些怪诞的艺术形象？<br>黄杰为什么要表现这样的艺术形象？ ||
| | 任务二 | 为何妖野（分析） ||
| | 小问题 | 挑选你印象深刻的作品并回答：<br>不寻常的构图给你留下什么印象？<br>这些色彩带给你怎样的心理感受？<br>为什么作者不用纸笔进行作品创作？ ||
| | 任务三 | 如何妖野（体验） ||
| | 小问题 | 在你的生活中印象留存深刻的是什么（物体或事件）？<br>以印象留存深刻的物象为符号，如何将这个物象符号妖化？<br>你会借用哪些不寻常的表现手段与工具材料进行创作？ ||
| | 任务四 | 理解妖野（解读） ||
| | 小问题 | 你如何理解这个被遮蔽的群体——"杀马特"？<br>你想对"杀马特"群体说些什么？<br>你想对艺术家黄杰说些什么？ ||

（续表）

| 任务 | 一<br>何为妖野 | 二<br>为何妖野 | 三<br>如何妖野 | 四<br>理解妖野 |
|---|---|---|---|---|
| 单元作业与评价 ||||| 

| 任务 | 一<br>何为妖野 | 二<br>为何妖野 | 三<br>如何妖野 | 四<br>理解妖野 |
|---|---|---|---|---|
| 评价要点 | **知道**艺术家黄杰创作中的"杀马特"元素。<br>**理解**"杀马特"是社会个性表达。<br>**做到**对艺术家黄杰的作品形式产生好奇 | **知道**艺术家黄杰创作中用了色彩、构图、材质等艺术语言造妖。<br>**理解**艺术家黄杰创作情感。<br>**做到**客观分析作品形式语言 | **知道**高纯度色彩运用。<br>**理解**异形构图在作品中自由灵性处理。<br>**做到**客观分析作品形式语言 | **知道**这个被遮蔽的群体——"杀马特"。<br>**理解**"杀马特"群体。<br>**做到**客观看待艺术家黄杰与他的作品 |
| 参观群体具体表现 | **能够**准确描述黄杰作品个性，并在其作品中发现"杀马特"痕迹。<br>**能够**通过查找相关资料理解"杀马特"文化背景。<br>**能够**通过审美感知，好奇地进一步分析艺术家与他的作品 | **能够**通过导览表的指引进行分析。<br>**能够**对作品产生疑问。<br>**能够**对作品做出审美判断 | **能够**运用高纯度色彩创作。<br>**能够**尝试用异形构图进行创作。<br>**能够**运用材质、工具强调作品夸张的装饰性 | **能够**以辩论的方式分析"杀马特"群体。<br>**能够**以小组合作方式深度理解"杀马特"群体这一社会现象。<br>**能够**以青少年视角，小组合作制作视频导览艺术家黄杰与他的作品 |
| 素养提升 | 审美感知<br>文化理解 | 造型表现<br>审美感知<br>美术表现<br>文化理解 | 审美感知<br>美术表现<br>创意实践<br>文化理解 | 审美感知<br>美术表现<br>创意实践<br>文化理解 |

（续表）

| 课程实施计划 ||||
|---|---|---|---|
| 任务一 | 何为妖野（感知体验） |||
| 具体问题 | "城郊妖野——黄杰个展"和你看过的美术展览有什么不同？<br>在"城郊妖野——黄杰个展"作品中出现了哪些怪诞的艺术形象？<br>黄杰为什么要表现这样的艺术形象？ |||
| 任务驱动 | 通过图像识读，引导学生展开对黄杰作品个性创作的初步思考与分析 |||
| 设计思路 | 通过快速浏览展览中的作品，通过导览表中问题串的形式探究，引发学生在学习过程中的主动思考与质疑，完成对黄杰创作灵感的了解 |||
| 学习目标 | 学生应该知道 | 学生能够做到 | 学生能够理解 |
| ^ | **知道**艺术家黄杰创作中的"杀马特"元素。<br>**能够**通过查找相关资料理解"杀马特"文化背景 | **能够**准确描述黄杰作品个性，并在其作品中发现"杀马特"痕迹。<br>**做到**对艺术家黄杰的作品形式产生好奇 | **理解**"杀马特"是社会个性表达 |
| 学习重难点 | 重点：艺术家黄杰创作中的"杀马特"元素。<br>难点：能够准确描述黄杰作品个性，理解"杀马特"是社会个性表达 |||
| 教学准备 | 导览表（多张打印）、写字笔 |||

| | （续表） |
|---|---|
| 教学过程 | **活动一**：阅读前言，发现展览关键词  <br><br>问题1：你在前言阅读中发现哪些展览关键词？<br>问题2：本次展览你最好奇的问题是什么？<br><br>**活动二**：逛展览，精品入我眼   <br><br>问题3：在"城郊妖野——黄杰个展"所有作品中你发现了哪些怪诞的艺术形象？  |

| 新时代美术馆公共美育 |

（续表）

问题4：艺术家为什么不用纸笔进行创作？

教学过程

活动三：总结艺术家黄杰的作品特点
问题5：黄杰为什么会创作出这样的作品？
问题6："杀马特"究竟是什么？

染头发（孔雀头）
描眼线、化浓妆
造型夸张妖艳
挂铁链穿体环
奇装异服，喜欢自拍

土？
潮？

2000至2010年这个时代
以90后居多的"杀马特"青年群体

一个不被大众视觉接纳，被社会遮蔽的群体

(续表)

<table>
<tr><td colspan="4" align="center">质量标准</td></tr>
<tr><td>评价维度</td><td>合格</td><td>基本合格</td><td>不合格</td></tr>
<tr><td>审美感知与表达</td><td>**能够**准确描述黄杰作品个性，并在其作品中发现"杀马特"痕迹</td><td>**能够**通过查找相关资料理解"杀马特"文化背景</td><td>进行自我观点表达时有困难</td></tr>
<tr><td>提出问题</td><td>**能够**在欣赏作品时提出有针对性的问题</td><td>**能够**在欣赏过程中提出问题，但针对性不强</td><td>**不能够**在欣赏过程中提出问题</td></tr>
<tr><td>分析与阐释</td><td>**能够**根据作品进行分析，特别是对"杀马特"元素能有所阐释</td><td>**能够**根据作品进行分析，但不能对"杀马特"元素有所阐释</td><td>分析不准确，同时不能阐释</td></tr>
<tr><td>基本认识和文化理解</td><td>**知道**这个被遮蔽的群体——"杀马特"并理解"杀马特"群体，客观看待艺术家黄杰与他的作品</td><td>**知道**这个被遮蔽的群体——"杀马特"，但并不能客观看待艺术家黄杰与他的作品</td><td>对"杀马特"了解流于表层，不能客观看待艺术家的创作</td></tr>
<tr><td align="center">任务二</td><td colspan="3" align="center">为何妖野（分析体验）</td></tr>
<tr><td>具体问题</td><td colspan="3">不寻常的构图给你留下什么感觉？<br>这些色彩带给你怎样的心理感受？<br>皮革和金属带给你怎样的感受？<br>这些作品还是艺术吗？</td></tr>
<tr><td>任务驱动</td><td colspan="3">通过分析绘画、装置作品，引导学生对黄杰作品个性创作展开探究</td></tr>
<tr><td>设计思路</td><td colspan="3">分析色彩结构，体验不同色彩结构所带来的不同感受。<br>分析构图形式，体会不同构图形式的意义。<br>提出各种构想，尝试用多种表现形式和方法创作美术作品</td></tr>
</table>

109

（续表）

| | | | |
|---|---|---|---|
| 学习目标 | **知道**异形构图、艳丽设色、皮革与金属的运用是艺术家黄杰作品独特之处。<br>**知道**异形构图与艳丽的色彩、皮革和金属材质带给观众神秘感 | **能够**准确分析作品构图、色彩、材质。<br>**能够**借用艺术家的创作手法创作自己的妖野作品 | **理解**黄杰的个性表达 |
| 学习重难点 | 重点：分析艺术家黄杰的创作独特之处。<br>难点：能够借用艺术家的创作手法完成自己的妖野形象创作 | | |
| 教学准备 | 导览表（多张打印）、写字笔 | | |
| 教学过程 | 活动一：为什么是这样？<br>问题1：展览中作品不寻常的构图给你留下什么印象？<br>问题2：这些色彩带给你怎样的心理感受？<br><br>活动二：这还是艺术吗？<br>问题3：皮革和金属带给你怎样的感受？<br>问题4：这些作品还是艺术吗？ | | |

（续表）

| 教学过程 | 活动三：不是艺术的艺术<br><br>问题5：它们是艺术吗？<br>问题6：它们有可能被艺术吗？<br>问题7：如果是黄杰，他会怎么玩？（选其中一个异形） |
|---|---|

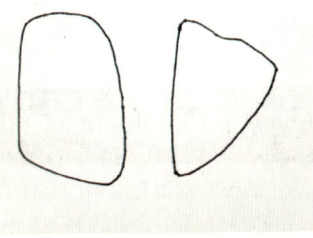

| 质量标准 ||||
|---|---|---|---|
| 评价维度 | 合格 | 基本合格 | 不合格 |
| 审美感知与表达 | **能够**准确描述异形构图、艳丽设色、皮革与金属的运用是艺术家黄杰作品的独特之处，并能大胆尝试创作小作品 | **能够**简单描述黄杰作品的构图、色彩、材质特点，但创作自己作品的时候不能迁移 | 进行自我观点表达时有困难。迁移困难 |

111

（续表）

| | | | |
|---|---|---|---|
| 提出问题 | **能够**在分析作品的时候提出有针对性的问题。例如：为什么用这些材质表达？等等 | **能够**在欣赏过程中提出问题，但针对性不强 | **不能够**在欣赏过程中提出问题 |
| 分析与阐释 | **能够**分析艺术家的构图、色彩、材质特点并能阐释这些艺术处理给画面带来的神秘感 | **能够**分析艺术家作品中的不同构图，以及具体色彩、材质的使用情况，但不能阐释其神秘感 | 分析不准确，同时不能阐释 |
| 基本认识和文化理解 | **能够**主观理解黄杰的艺术个性表达并理解艺术创作的多元并立 | **能够**主观理解艺术家黄杰的个性表达，但不能理解艺术多元并立 | **不能够**理解黄杰这样的艺术创作 |
| **任务三** | \multicolumn{3}{c|}{如何妖野（体验体悟）} |
| 具体问题 | 在你自己的生活中印象留存深刻的是什么物体或事件？以印象深刻的物象为符号，如何将这个物象符号妖化？你会借用哪些不寻常的表现手段与工具材料进行创作？ | | |
| 任务驱动 | 通过创作体验设计一个怪诞的形象，将自己的情绪符号化 | | |
| 设计思路 | 通过细心察觉自己的内心感受，将不可直接表达或言语的内心用符号（妖野）替代，疏导学生的心理情绪，引导正确发泄方式 | | |
| 学习目标 | **知道**图形转化为内心符号的方法：拟人、夸张等 | **能够**用异形构图进行创作；运用高纯度色彩创作；能运用材质、工具强调作品夸张的装饰 | **理解**图形可以转化为心理符号，成为发泄方式 |
| 学习重难点 | 重点：图形"妖化"的实践<br>难点：体悟由图形转化为心理符号的发泄方式 | | |

(续表)

| 教学准备 | 多张打印、创作材料 |
|---|---|
| 教学过程 | 活动一：这是什么？<br>问题1：这是什么？<br>问题2：它可以变成妖吗？<br>问题3：你打算怎么做？<br><br>活动二：深刻的印象留存<br>问题4：在你自己的生活中印象留存深刻的是什么物体或事件？（用图形表达出来）<br>问题5：将这个物象符号妖化，你会借用哪些不寻常的表现手段与工具材料？（进入创作）<br>活动三：心中的那个妖<br>完成一幅关于妖的形象设计 |

| 质量标准 ||||
|---|---|---|---|
| 评价维度 | 合格 | 基本合格 | 不合格 |
| 审美感知与表达 | **能够**感知色彩的对比美感，**能够**评价高纯度色彩和低纯度的色彩分别带给作品不同感受，**能够**运用高纯度色彩、不同的材质、工具、异形构图等手法表达自己的作品 | **能够**感知色彩的对比美感，**能够**评价高纯度色彩和低纯度的色彩分别带给作品不同感受，**能够**模仿表达自己的作品 | 色彩的对比感知较弱，**不能够**评价高纯度色彩和低纯度的色彩分别带给作品不同感受，**不能够**模仿表达自己的作品 |

(续表)

| | | | |
|---|---|---|---|
| 提出问题 | **能够**在分析作品的时候提出有针对性的问题。例如：高纯度色彩和低纯度的色彩分别带给作品哪些不同感受？ | **能够**在欣赏过程中提出问题，但针对性不强 | **不能够**在欣赏过程中提出问题 |
| 分析与阐释 | **能够**分析出拟人、夸张等图形转化为内心符号的方法，通过阐释自己的作品释放自己内心情绪 | **能够**分析出拟人、夸张等图形转化为内心符号的方法，但没有勇气通过阐释自己的作品释放自己内心情绪 | **不能够**分析作品中图形转化为内心符号的方法，不能阐释自己的作品 |
| 基本认识和文化理解 | **理解**黄杰的艺术个性表达中以图形转化为心理符号 | **理解**黄杰的艺术个性表达的图形，但并不理解这是作者的心理符号 | **不能够**理解黄杰的艺术个性表达中以图形转化为心理符号 |
| 任务四 | 理解妖野（解读判断） | | |
| 具体问题 | 社会为什么有意遮蔽"杀马特"群体？<br>你想对"杀马特"群体说些什么？<br>你想对艺术家黄杰说些什么？ | | |
| 任务驱动 | 客观理解"杀马特" | | |
| 设计思路 | 通过讨论、辩论会、合作等形式客观解读"杀马特"这一社会现象 | | |
| 学习目标 | **知道**社会为什么有意遮蔽"杀马特"群体，黄杰的创作意图、"杀马特"情结 | **能够**客观对待"杀马特"群体，客观对待黄杰艺术创作 | **理解**"杀马特"群体这一社会现象，理解艺术家艺术情感真挚表达 |
| 学习重难点 | 重点：解读"杀马特"现象<br>难点：客观理解"杀马特"的存在与消失 | | |
| 教学准备 | 视频制作工具 | | |

(续表)

| 教学过程 | 活动一:"杀马特"消失<br>讨论:"杀马特"为什么消失?<br>活动二:"杀马特"对错<br>临时辩论会:"杀马特"公展,适不适合6年级同学参观?<br>活动三:遇见"杀马特"<br>问题1:你想对"杀马特"群体说些什么?<br>问题2:你想对艺术家黄杰说些什么?<br>活动四:能以青少年视角,小组合作制作视频导览艺术家黄杰与他的作品 |
|---|---|

## 质量标准

| 评价维度 | 合格 | 基本合格 | 不合格 |
|---|---|---|---|
| 审美感知与表达 | **能够**客观对待"杀马特"群体和黄杰艺术创作 | **能够**客观对待"杀马特"群体,但**不能够**客观对待黄杰艺术创作 | **不能够**客观对待"杀马特"群体和黄杰艺术创作 |
| 提出问题 | **能够**客观对待"杀马特"群体和黄杰艺术创作 | 在欣赏过程中**能够**提出问题,但针对性不强 | 在欣赏过程中**不能够**提出问题 |
| 分析与阐释 | **能够**客观对待"杀马特"群体,**能够**分析艺术家艺术情感真挚表达 | **能够**分析艺术家艺术情感真挚表达 | **不能够**分析艺术家艺术情感真挚表达 |
| 基本认识和文化理解 | **能够**理解"杀马特"群体、"杀马特"风格是非主流表现以及艺术家艺术情感的真挚表达 | **能够**理解"杀马特"群体,但**不能够**理解"杀马特"风格是非主流表现 | **不能够**理解"杀马特"群体不能成为社会主流表达的原因 |

## （二）活动海报与活动过程

图3　活动海报

图4　对衣架造型观察与制作

图5　对衣架印象的图文表达

基于理解的公共美育课程设计

图6　对衣架形象魔幻表达

图7 让衣架原本实用功能回归的行动

图8 让衣架原本实用功能回归行动的成果

| 基于理解的公共美育课程设计 |

图9　6年级青少年在"城郊妖野——黄杰个展"美育价值辩论现场

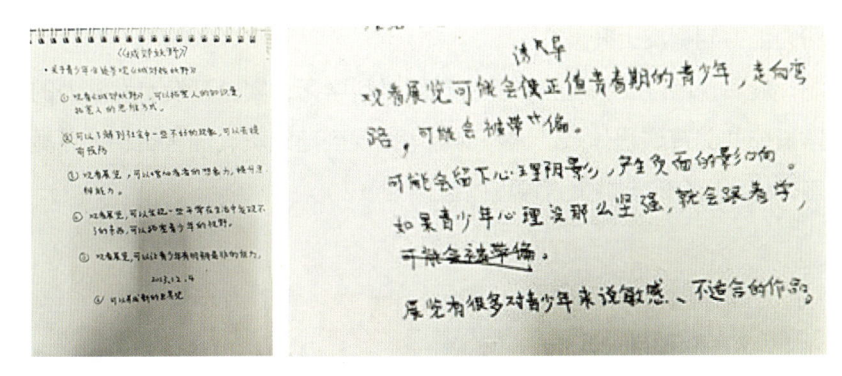

图10　6年级青少年在"城郊妖野——黄杰个展"的美育价值辩论观点

## 基于调查的策划与实施

图11　"城郊妖野——黄杰个展"公共美育课程设计思路

119

## 五、成果及创新点

首先，挖掘桂湖美术馆环境、资源优势，深化、细化分析公共美育课程资源。

其次，系列化、单元化设计公共美育课程，形成桂湖美术馆值得社会可持续关注的公共美育服务水准。

再次，广大青少年儿童通过持续关注桂湖美术馆公教活动，在学习力上得到螺旋上升。

最后，用好公共美育资源实现跨学科学习，实验开发有发展力的常设公共美育课程体系。课程内容可拓展到建筑类、语言类、批评类等，构建融合的公共美育课程体系。（图12）

图12 美术馆实现跨学科育人的公共美育资源分析

# 叩响青铜之门　感悟家国情怀
## ——家国主题公共美育活动案例

闫庆来[*]

## 一、可行性分析

### （一）依托政策指引，携手共进促发展

2020年10月，教育部、国家文物局联合印发《关于利用博物馆资源开展中小学教育教学的意见》，从政策层面积极推进博物馆与学校教育的对接。同时，中共中央办公厅、国务院办公厅印发了《关于全面加强和改进新时代学校美育工作的意见》，其中多处提到充分运用博物馆资源加强美育教学，发挥中华优秀传统文化、革命文化在教学工作中的作用。在政策引导之下，馆校合作项目日益成为博物馆教育的重要组成部分。本次家国主题公共美育活动依托政策指引，深挖博物馆资源，与新乡市博物馆形成深度馆校合作，携手共进促发展。

### （二）借助地域优势，谱写美育新篇章

新乡市位于河南省中心区域，古代曾称庸国，是中华民族古代文明重要的发祥地。此地发生过牧野之战、桂陵之战、诸侯会盟等重大事

---

[*] 河南师范大学教授。

件，多种文化碰撞，造就出独特的地域文化，积淀了丰富的文化资源。新乡市博物馆集牧野文化之精华，本次活动以新乡市博物馆为载体，积极探索美育元素，为新乡市及其周边地区提供良好的公共美育平台。

### （三）背靠馆藏资源，解码文物家国情

新乡市博物馆馆藏文物3万多件（套），包含豫北、冀南、鲁西等56个县市的出土传世文物，质量和数量均居河南省地市级博物馆前列，为国家二级博物馆。本次家国主题公共美育活动以馆藏青铜器为依托，利用博物馆空间场域展开实物教学。博物馆教学是一种现场化的教学形式，一方面可以通过馆藏文物进行家国文化的具体呈现，另一方面又可以以之为载体进行文化的升华。

## 二、依托理念

### （一）基于习近平文化思想，赓续中华历史文脉

2023年10月7日至8日在京召开的全国宣传思想文化工作会议，首次提出习近平文化思想，明确提出"七个着力"的要求，其中强调"着力赓续中华文脉、推动中华优秀传统文化创造性转化和创新性发展"，"着力推动文化事业和文化产业繁荣发展"。作为文化记忆重要保存机构的博物馆是实现传承和保护中华优秀传统文化的重要路径之一。家国主题公共美育活动以新乡市博物馆为载体，以青铜器为依托，利用多种形式对学生进行爱国主义教育，唤起学生的家国情怀，实现中华优秀传统文化创造性转化和创新性发展。

### （二）践行美育强国理念，打造优质美育课程

2023年10月23日，学习强国中"美育强国"板块正式上线。加强

美育工作与全面建成社会主义现代化强国息息相关，同时又为实现中华民族伟大复兴的中国梦铸就力量。家国主题公共美育活动站在美育的视角，从中国传统文化出发，将美育和馆藏资源结合，更好地满足人们日益增长的美育需求，浸润人心、美美与共。

### （三）依托教育教学理念，落实儿童优先发展原则

习近平总书记对妇女儿童工作作出重要指示，在"推进强国建设、民族复兴伟业"的道路上，儿童是"未来生力军"，坚持儿童优先发展。家国主题公共美育活动根据儿童的身心发展规律，采用建构主义、以人为本等理论实施公共美育活动，让学生自主探究、主动学习。通过活动完成知识的内化，打造符合儿童认知理念的公共美育活动案例。

## 三、活动目标

### （一）认知目标

通过欣赏古代青铜器代表作品，了解青铜艺术的基本知识，使学生认识青铜器独特的器型、精致生动的纹饰及其内涵。（审美感知）

### （二）能力发展目标

通过多样化教学方式多感官感受青铜器物，激发学生的美术兴趣，提高艺术欣赏能力。通过各种实践活动，提高学生的理解能力以及实践能力。（艺术表现、创意实践）

### （三）情感培养目标

深挖青铜器发展的时代背景、文化内涵及其承载的教育价值，弘扬传统文化精髓、建立文化自信，唤醒学生传承与延伸中国传统文化

的意识,实现传统文化的创新性发展和创造性转化。(审美感知、文化理解)

## 四、实施过程

活动对象:8—10岁。

活动人数:20人。

活动时间:120分钟。

活动地点:新乡市博物馆二层观众体验厅、博物馆青铜器展厅。

活动组织人员:活动总策划:闫庆来,活动主讲人:穆森燕、刘梁鑫、蒋艾贝、金家盈,活动筹备人员:高婕、樊欣欣、丁连连、芦嘉仪、李雯。

表1 活动整体环节及各环节教学计划

| 单元课题 | 《叩响青铜之门 感悟家国情怀》 |
|---|---|
| 大观念 | 通过学习青铜器体验青铜之美、感悟家国情怀。 |
| 活动框架 | 初探青铜之旅 → 探索纹饰奥秘 → 感悟家国情怀 ← 解读青铜器型 ← 解析镇馆之宝 |

（续表）

| 活动环节 | 基本问题 | 小问题 | 方法理念 |
|---|---|---|---|
| 环节一：何为青铜——初探青铜之旅 | 如何通过材质、颜色和铸造工艺初探青铜器？ | 什么是青铜器？如何感知青铜材质？青铜器运用何种铸造工艺？ | 情景教学，五感教育，"做中学"。 |
| 环节二：铸鼎象物——解读青铜器型之家国意识 | 如何通过青铜器的造型理解其功能与类别的划分？ | 不同造型的青铜器是怎么分类的？如何巧用媒介深入感知青铜造型？ | 活动教学法，支架式教学理念。 |
| 环节三：明鉴神奸——探索青铜纹饰之家国内涵 | 青铜纹饰在传统文化中有什么样的价值？ | 如何认知青铜纹饰？不同的青铜纹饰传达出什么样的内涵？如何运用拓印的形式感受青铜器纹饰？ | 启发式教学，"做中学"，探究式教学，活动教学法。 |
| 环节四：牧野青铜——探究镇馆之宝的家国内涵 | 如何通过典型青铜器物理解"藏礼于器"？ | "藏礼于器"是如何体现的？子龙鼎中蕴含着怎样的世界观？镇馆之宝牛首爵有着什么样的独特之处？ | 启发式教学，支架式教学理念。 |

表2　环节一活动教学计划

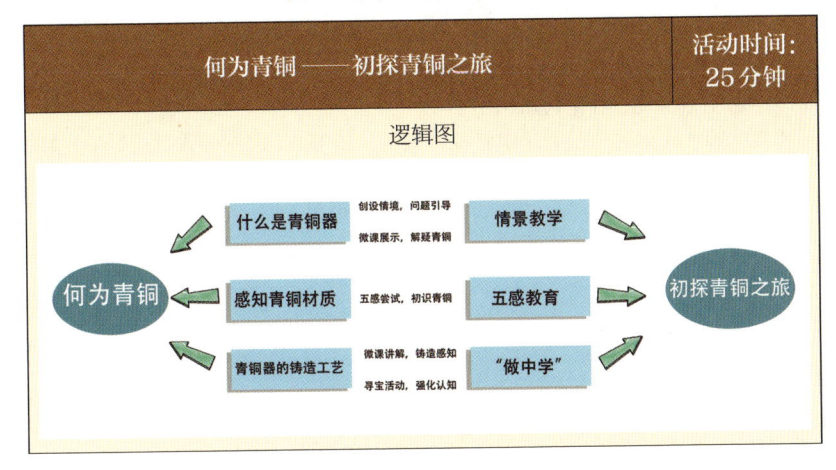

| 何为青铜——初探青铜之旅 | 活动时间：25分钟 |
|---|---|

逻辑图

（续表）

| | |
|---|---|
| 环节 | 教学准备：<br>（1）仿制盘、匜青铜器；不同材质的器物：陶瓷、玻璃、塑料、青铜、竹筒、木板等；小木槌。<br>（2）视频资源：《中国青铜器》（3分钟）；《青铜编钟》（1分钟）；《青铜铸造》（3分钟）。 |
| 小问题+学习目标 | 1.小问题：<br>（1）什么是青铜器？<br>（2）如何感知青铜材质？<br>（3）青铜器运用何种铸造工艺？<br>2.学生将知道青铜材质的历史背景、铸造工艺以及藏品基本信息。<br>3.学生将理解青铜材质的基本含义与特性。<br>4.学生将做到根据任务单提示多维度感知青铜藏品。 |
| 教师活动 | 1.创设情景，问题引导（3分钟）。<br>（1）提出问题：刚刚进门洗手所用到的盘、匜是什么材质的？<br>（2）问题升级：什么是青铜？为什么叫青铜器？<br>2.微课展示，解疑青铜基本信息（5分钟）。<br>（1）播放微课视频《中国青铜器》（3分钟）。<br>（2）引导总结。<br>3.五感认知，初识青铜材质（7分钟）。<br>（1）播放《青铜编钟》音频（1分钟），听觉感悟青铜，衔接上一环节。<br>（2）分发实物，触觉感受青铜。<br>（3）敲击对比，多维认识青铜。<br>（4）感受回顾，引导思考。通过五感感受青铜和其他物品相比有何不同。<br>4.微课讲解，感知铸造工艺（3分钟）。<br>（1）问题思考：这些青铜是用什么方法被铸造出来的呢？<br>（2）播放微课《青铜铸造》视频（3分钟），回答上一疑问。<br>5.寻宝活动，强化认知（7分钟）。<br>（1）鼓励学生在展厅中寻找青铜器，填写"大家一起来寻宝"任务单（见附件2）。<br>（2）结合学生寻宝，辅以讲解青铜基本概况。<br>6.以评促学，优化活动。（见附件12） |

（续表）

| | |
|---|---|
| 学生活动 | 1. 初步体验使用青铜器，知道青铜器名字来源。观看微课视频，了解青铜器基本概况。<br>2. 通过听青铜之音、触青铜之体、敲青铜之质，体验到青铜材质的独特性。<br>3. 观看微课视频，了解青铜器的铸造工艺，并完成"我想对你说"任务单（见附件1）。<br>4. 在展厅内积极寻找记录，完成"大家一起来寻宝"任务单。 |
| 设计意图 | 1. 教师提问激趣，引发学生对盘、匜材质进行思考。<br>2. 通过教师讲述使学生知道青铜器的名字来源，并让学生观看微课视频了解到青铜器的相关知识。<br>3. 通过五感认知，对比感受青铜材质的独特性，为后面初识青铜做好铺垫。<br>4. 问题激趣，通过生动的微课调动学生的视觉感受并开展教学。<br>5. 通过寻宝游戏，让学生初识青铜器，加深对青铜器的理解认识，初步形成自己的审美与思考。<br>6. 跟踪学生学习进度，因材施教，及时调整教学。 |
| 方法理念 | 1. 情景教学。<br>2. 五感教育理念。<br>3. "做中学"理念。<br>4. 综合性评价。 |

表3 环节二活动教学计划

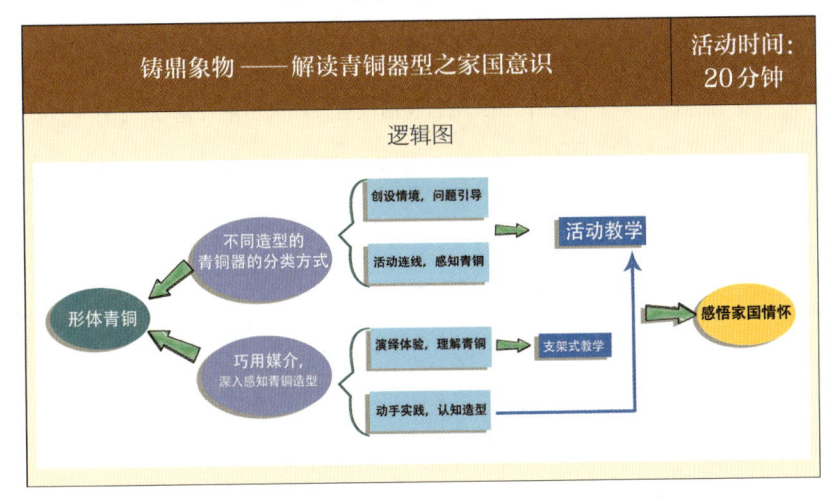

（续表）

| | |
|---|---|
| 环节教学准备：青铜器仿制品、青铜器图片、刮画纸、竹笔。 | |
| 小问题+学习目标 | 1.小问题：<br>（1）不同造型的青铜器是怎么分类的？<br>（2）如何巧用媒介深入感知青铜造型？<br>2.学生将知道青铜器造型的基本类别。<br>3.学生将理解青铜器造型所蕴含的家国意识。<br>4.学生将做到根据任务单提示完成实践操作。 |
| 教师活动 | 1.创设情境，问题引导（2分钟）。<br>（1）结合上一环节提出问题，是否可以从青铜外形上推断出青铜器的用途？<br>2.活动连线，感知青铜器造型与功能（3分钟）。<br>（1）引导学生根据自身生活经验并结合对上一问题的思考，完成"猜猜我的用途"任务单（见附件3）。<br>（2）总结青铜类别。<br>3.演绎体验，理解青铜器造型与家国内涵（5分钟）。<br>引导学生上台演绎用途，加深认识。<br>4.动手实践，强化认知青铜器造型（10分钟）。<br>分发青铜文物图片和刮画材料包，鼓励学生根据照片绘制出青铜器造型，感悟青铜造型之美。<br>5.以评促学，优化活动。（见附件13） |
| 学生活动 | 1.根据青铜外形推断青铜器的用途，在老师的引导和讲解下完成"猜猜我的用途"任务单。<br>2.根据对上一环节的认识，结合生活经验，模拟使用青铜器，在老师的辅助下正确认识青铜用途。<br>3.选择自己喜欢的青铜器图片，观察造型细节后进行绘制，在绘制中欣赏青铜造型之美。 |
| 设计意图 | 1.通过问题的引导与活动连线，使学生能从青铜造型上初步推断青铜器用途，通过学习单来迁移运用知识。<br>2.学生能结合所学，通过演绎青铜器用途，加深对青铜器的认识，为下一环节做铺垫。<br>3.学生在实践中对之前环节所学的知识与感悟进行绘制表达，体会青铜造型之美，增强民族自豪感。<br>4.跟踪学生学习进度，因材施教，及时调整教学。 |

（续表）

| 方法理念 | 1. 活动教学法。<br>2. 支架式教学理念。<br>3. 活动教学法。<br>4. 综合性评价。 |

表4　环节三活动教学计划

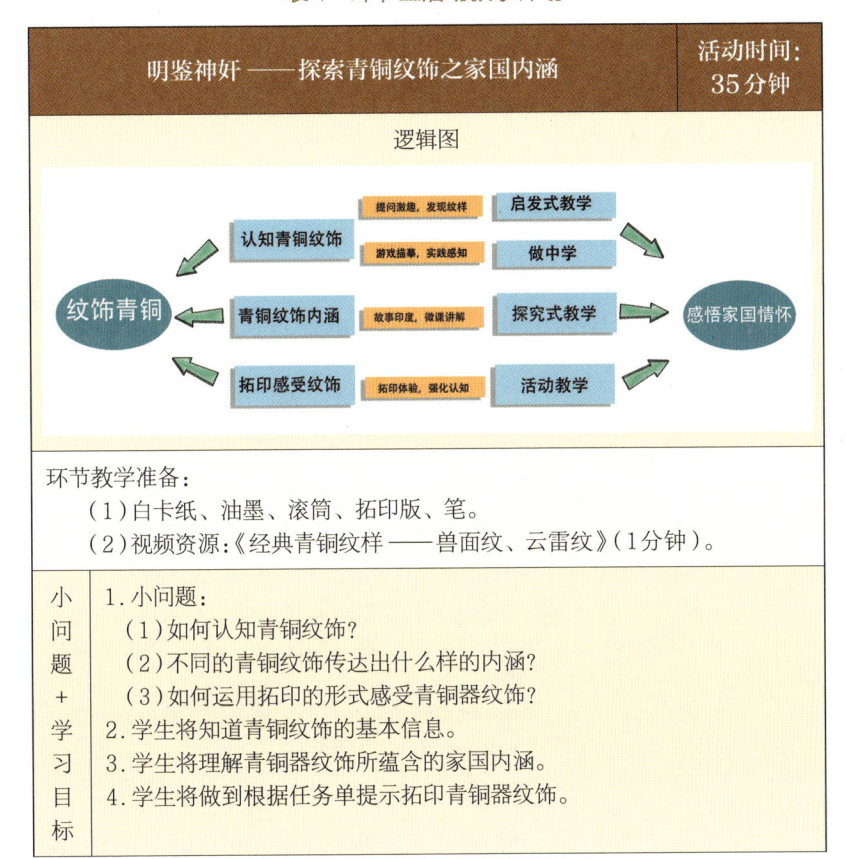

| 明鉴神奸——探索青铜纹饰之家国内涵 | 活动时间：35分钟 |
|---|---|
| 逻辑图 ||
| 纹饰青铜 → 认知青铜纹饰（提问激趣，发现纹样）→ 启发式教学<br>　　　　　→ 青铜纹饰内涵（故事印度，微课讲解）→ 探究式教学　→ 感悟家国情怀<br>　　　　　→ 拓印感受纹饰（拓印体验，强化认知）→ 活动教学 ||

| 环节教学准备：<br>（1）白卡纸、油墨、滚筒、拓印版、笔。<br>（2）视频资源：《经典青铜纹样——兽面纹、云雷纹》（1分钟）。 ||
| 小问题+学习目标 | 1. 小问题：<br>　（1）如何认知青铜纹饰？<br>　（2）不同的青铜纹饰传达出什么样的内涵？<br>　（3）如何运用拓印的形式感受青铜器纹饰？<br>2. 学生将知道青铜纹饰的基本信息。<br>3. 学生将理解青铜器纹饰所蕴含的家国内涵。<br>4. 学生将做到根据任务单提示拓印青铜器纹饰。 |

（续表）

| | |
|---|---|
| 教师活动 | 1. 提问激趣，发现纹样（2分钟）。<br>（1）带领学生观察绘画作品，提问：与青铜文物相比有什么不同？<br>（2）问题引导：青铜器壁上有什么？还有哪些细节的表达？<br>2. 游戏描摹，实践感知（10分钟）。<br>请同学们在青铜展厅内自由寻找，完成"我是小画家"活动单页（见附件4），找出与单页上纹样对应的青铜文物，将找到的青铜文物上的纹样临摹描绘于学习单上。<br>3. 故事引导，微课讲解（5分钟）。<br>（1）问题引导：你们知道刚刚描绘的这些纹样的意义吗？<br>（2）播放微课视频《经典青铜纹样——兽面纹、云雷纹》（1分钟），观看经典纹样讲解。<br>4. 拓印体验，强化认知（18分钟）。<br>分发青铜拓印材料包，讲解拓印步骤，再次感受青铜纹饰，创作具有特色的青铜拓印作品，并完成"拓印之旅"任务单（见附件5）。<br>5. 以评促学，优化活动（见附件14）。 |
| 学生活动 | 1. 将青铜文物与绘画作品进行对比，仔细观察后可以发现青铜器文物上有不同的纹饰。<br>2. 根据"我是小画家"任务单上的青铜纹样，在时限内自主寻找，并将所找到的文物与学习单上的局部纹样图片相匹配。<br>3. 观看完微课后了解代表性纹样（兽面纹、云雷纹）的分类、意义及作用。<br>4. 完成纹样拓印活动与"拓印之旅"任务单，完成后在教师的有序引导下到洗手池简单清洗手上拓印墨迹。 |
| 设计意图 | 1. 通过教师提问引发学生进一步观察思考，引入青铜纹样视角。<br>2. 加深学生沉浸式体验，使学习方式更加自由与主动。一方面培养学生自主探索能力；另一方面提高学生的观察能力，初步感受青铜的纹饰之美，为下一环节做准备。<br>3. 引发学生的思考，让学生能够带着问题观看微课视频，对纹样有更深刻的了解，更好地理解古代青铜纹样历史文化。<br>4. 锻炼学生的想象能力、创新能力和动手能力，增进他们对纹饰知识的理解。<br>5. 将在课程中学习到的知识转化为可视化的学习成果，使学生更有成就感，进一步加深对中国传统文化的兴趣和热爱。<br>6. 跟踪学生学习进度，因材施教，及时调整教学。 |
| 方法理念 | 1. 启发式教学。<br>2. "做中学"理论活动教学法。<br>3. 探究式教学。<br>4. 活动教学法。<br>5. 综合性评价。 |

叩响青铜之门 感悟家国情怀

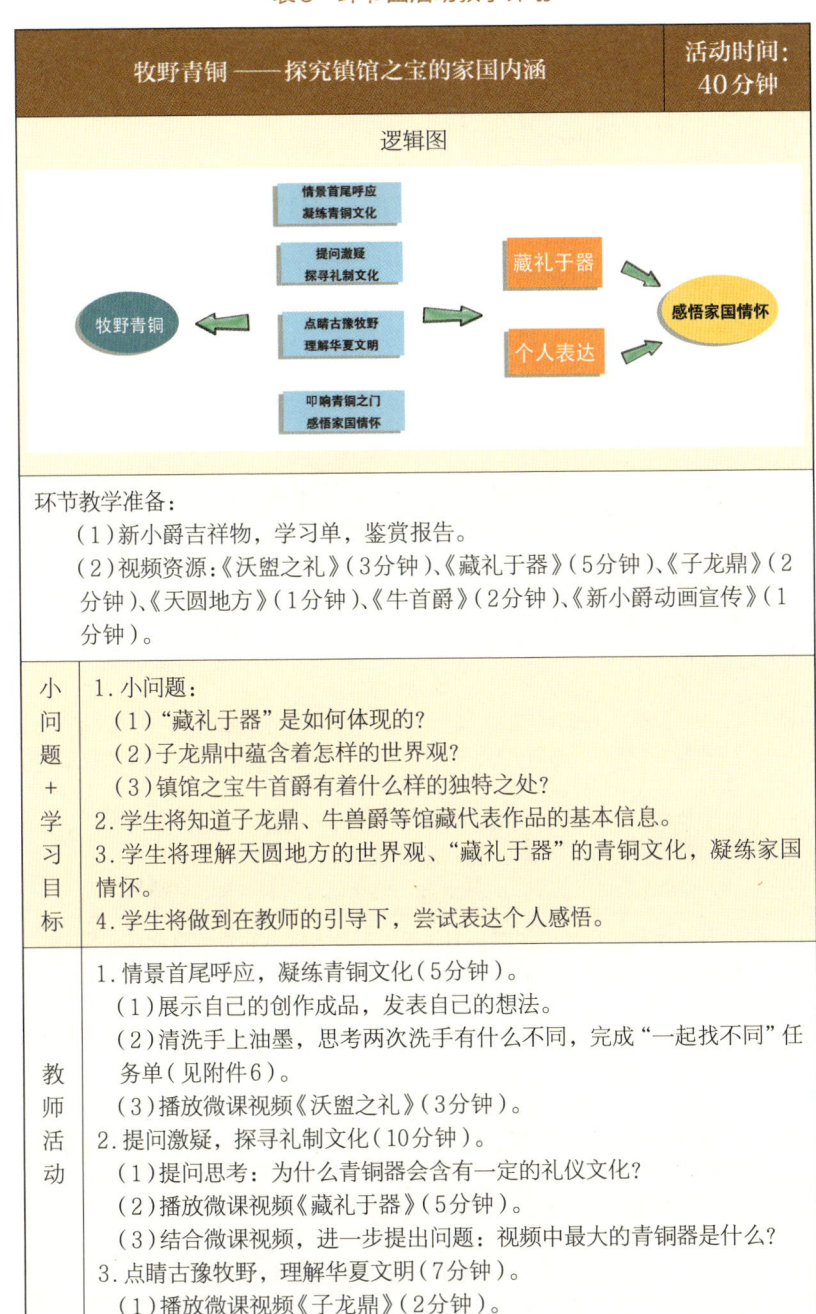

表5 环节四活动教学计划

| 牧野青铜——探究镇馆之宝的家国内涵 | 活动时间：40分钟 |

逻辑图

| | |
|---|---|
| 环节教学准备： | （1）新小爵吉祥物，学习单，鉴赏报告。<br>（2）视频资源：《沃盥之礼》（3分钟）、《藏礼于器》（5分钟）、《子龙鼎》（2分钟）、《天圆地方》（1分钟）、《牛首爵》（2分钟）、《新小爵动画宣传》（1分钟）。 |
| 小问题+学习目标 | 1. 小问题：<br>（1）"藏礼于器"是如何体现的？<br>（2）子龙鼎中蕴含着怎样的世界观？<br>（3）镇馆之宝牛首爵有着什么样的独特之处？<br>2. 学生将知道子龙鼎、牛兽爵等馆藏代表作品的基本信息。<br>3. 学生将理解天圆地方的世界观、"藏礼于器"的青铜文化，凝练家国情怀。<br>4. 学生将做到在教师的引导下，尝试表达个人感悟。 |
| 教师活动 | 1. 情景首尾呼应，凝练青铜文化（5分钟）。<br>（1）展示自己的创作成品，发表自己的想法。<br>（2）清洗手上油墨，思考两次洗手有什么不同，完成"一起找不同"任务单（见附件6）。<br>（3）播放微课视频《沃盥之礼》（3分钟）。<br>2. 提问激疑，探寻礼制文化（10分钟）。<br>（1）提问思考：为什么青铜器会含有一定的礼仪文化？<br>（2）播放微课视频《藏礼于器》（5分钟）。<br>（3）结合微课视频，进一步提出问题：视频中最大的青铜器是什么？<br>3. 点睛古豫牧野，理解华夏文明（7分钟）。<br>（1）播放微课视频《子龙鼎》（2分钟）。 |

131

(续表)

| | |
|---|---|
| 教师活动 | （2）思考青铜鼎为什么有方有圆？方鼎和圆鼎分别有什么含义？播放微课视频《天圆地方》（1分钟）。<br>（3）思考子龙鼎的纹饰有什么象征意义？<br>4. 叩响青铜之门，感悟家国情怀（8分钟）。<br>　（1）播放微课视频《牛首爵》（2分钟）。<br>　（2）展示"新小爵"造型玩偶。<br>　（3）播放微课视频《新小爵动画宣传》（1分钟）。请同学们将"新小爵"与牛首爵进行对比，发现它们之间有什么联系以及不同。<br>5. 话说平原，家国青铜（8分钟）。<br>　总结家国情怀的内涵。<br>6. 新乡市博物馆"我想对你说"（2分钟）。<br>　活动结束后，鼓励学生表达自己眼中的家国情怀，并分享参与本次活动的收获。<br>7. 以评促学，优化活动（见附件15）。 |
| 学生活动 | 1. 洗手后集体观看微课视频《沃盥之礼》（3分钟）。<br>2. 看完微课视频《沃盥之礼》《藏礼于器》后，完成"大胆说一说"任务单（见附件7）。<br>3. 观看微课视频《子龙鼎》（2分钟），自由发表感受。<br>4. 观看微课视频《天圆地方》（1分钟），完成"我心中的世界"任务单（见附件8）。<br>5. 完成"我是小小鉴赏员：子龙鼎"任务单（见附件9）。<br>6. 观看微课视频《牛首爵》（2分钟），了解其基本情况。<br>7. 观看微课视频《新小爵动画宣传》（1分钟），发表意见并完成"我是小侦探"任务单（见附件10）。<br>8. 完成"我是小小鉴赏员：牛首爵"任务单（见附件11）。<br>9. 根据教师总结，认真思考并做好笔记。<br>10. 大胆表达自己的观点，与老师、同学以及家长分享自我感悟。 |
| 设计意图 | 1. 从学生日常生活的洗手行为入手，与导入环节初步使用盘、匜，体验沃盥之礼相呼应，使学生了解青铜器除作为生活用品外还可以作为礼器存在。<br>2. 使学生深刻理解"藏礼于器"的含义，了解青铜器的礼制文化，激发学生学习兴趣。<br>3. 通过设疑，引导学生将视线转到子龙鼎。<br>4. 通过对子龙鼎和牛首爵多方面的讲解，使学生感受本土文化的魅力和独特性，增加对历史文化的认识，从而增强他们的文化自信和自豪感。<br>5. 通过教师总结，使学生们进一步理解家国内涵。<br>6. 根据教师总结，学生大胆表达，完成知识内化。<br>7. 跟踪学生学习进度，因材施教，及时调整教学。 |

（续表）

| 方法理念 | 1. 启发式教学。<br>2. 支架式教学理念。<br>3. 启发式教学。<br>4. 综合性评价。 |
| --- | --- |

## 五、亮点及创新点

### （一）根植家国情怀，践行美育强国

青铜兴盛于夏、商、西周至春秋时期。据考古发现，夏朝先商部族就活跃在牧野大地上。商汤革夏建立王朝后，牧野地区是周王室统治的中心区域，商代文化遗存十分可观。新乡市博物馆馆藏青铜器丰富，小到人们的生活用品，大到国家祭祀活动的礼器，蕴含着中华民族精神。活动以家国主题为线索，通过多种方式认知青铜器，提升文化自信，根植家国情怀，践行美育强国。

### （二）深挖美育资源，实现传统文化创新转化

博物馆是文物展示的空间，更是诠释文物价值和意义的场域。本次活动深挖博物馆资源内涵，探索博物馆公共美育传承发展中华优秀传统文化的新路径，实现传统文化创新转化。

### （三）践行寓教于乐，唤醒学习内驱力

家国主题公共美育活动注重趣味性和自主性，激发青少年参观和学习的积极性，以形式灵活、操作简便的方式，将知识学习与价值观塑造贯穿活动中，最终达成以美育人、以美化人的育人效果。

## 六、推广价值

### （一）根植课程思政，打造文化育人新格局

博物馆及馆藏文物蕴含丰富的育人要素，是优质的校外课程思政实施平台。凝练文物藏品中的思政内涵，进一步弘扬其中所蕴含的家国文化，不断总结利用文物藏品推行思政育人的新格局，推动中华优秀传统文化创造性转化和创新性发展。

### （二）加强馆校合作，构建以美育人新机制

进一步探索丰富和创新馆校合作的形式与内容，实现博物馆资源的课程体系化，实现沉浸式、实践式学习，更好地提升学生的美术学科素养，构建以美育人新机制。

### （三）凝练活动范式，完善美美与共新思路

融合跨学科知识背景，明确活动核心主题，分层预设活动目标，确立活动评估依据。深入挖掘美育元素，联合多种教学方式，培养学生自主探究能力，深化知识内涵，铸造美美与共活动范式。

附件1

| 我想对你说 |
|---|
| 1.青铜铸造工艺有什么？ |
| 2.说说你对青铜铸造工艺的感受认识。 |

附件2

| 大家一起来寻宝 |||
|---|---|---|
| 名称：<br>朝代：<br>出土时间： | 名称：<br>朝代：<br>出土时间： | 名称：<br>朝代：<br>出土时间： |
| 名称：<br>朝代：<br>出土时间： | 名称：<br>朝代：<br>出土时间： | 名称：<br>朝代：<br>出土时间： |
| 名称：<br>朝代：<br>出土时间： | 名称：<br>朝代：<br>出土时间： | 名称：<br>朝代：<br>出土时间： |

附件3

## 猜猜我的用途

| | | |
|---|---|---|
| 西汉铜鼓 | 食器 | 商代铜轭（è） |
| 商代子龙鼎 | 酒器 | 商代牛首爵 |
| 商代夔龙纹穿带铜壶 | 兵器 | 商代父己方鼎 |
| 商代饕餮纹铜觚 | 水器 | 战国青铜剑 |
| | 车马器 | |

附件4

| 我是小画家 |||
|---|---|---|
| 范例：夔龙纹 | 找到文物 | 描摹纹样 |
|  | 夔龙纹穿带铜壶 |  |
| 范例：兽面纹 | 找到文物 | 描摹纹样 |
|  |  |  |
| 范例：云雷纹 | 找到文物 | 描摹纹样 |
|  |  |  |

附件5

| 拓印之旅 |
|---|
| 以文字形式来说说自己拓印心得体验。 |

附件6

| 一起找不同 |
|---|
| 1. 沃盥之礼与日常洗手相对比，两次洗手有什么不同？
2. 现代洗手与古代洗手的区别？ |

附件7

| 大胆说一说 |
|---|
| 结合视频讲解，记录感受"藏礼于器"的内涵。 |

附件8

| 我心中的世界 |
|---|
| 青铜器如何表达中国古人"天圆地方"的世界观？ |

附件9

| 我是小小鉴赏员：子龙鼎 ||
|---|---|
| 子龙鼎图片 | 基本信息 |
| | |
| 描述：我看到的文物是什么样的？ | |
| 分析：采用的造型纹样是什么？ | |
| 解释：通过观察我认为它代表着什么？ | |
| 评价：这件器物对我有什么启发？ | |

附件10

| 我是小侦探 |
|---|
| 1. 对比 IP 吉祥物"新小爵"玩偶与牛首爵，找出不同之处，结合所学到的造型与纹样知识，写出自己的想法。 |

139

附件11

| 我是小小鉴赏员：牛首爵 ||
|---|---|
| 牛首爵图片 | 基本信息 |
|  |  |
| 描述：我看到的文物是什么样的？ |  |
| 分析：采用的造型纹样是什么？ |  |
| 解释：通过观察我认为它代表着什么？ |  |
| 评价：这件器物对我有什么启发？ |  |

附件12

| "何为青铜——初探青铜之旅"评价量规（10分） |||||||
|---|---|---|---|---|---|---|
| 观测点 | 具体要求 | 分值 ||| 得分 ||
| 认知体会 | 通过调动五感，初步感知青铜，了解青铜器基本概况。 | 3 | 2 | 1 |||
| 交流表达 | 能够口头交流或书面表达学习青铜铸造工艺后的体会。 | 3 | 2 | 1 |||

（续表）

| | | | | | |
|---|---|---|---|---|---|
| 活动参与 | 积极开展讨论，能清晰表达自己的感受，并写出对主题的理解。 | 4 | 3 | 2 | 1 |
| 总评 | 优点：<br>不足： | | | 总分 | |

附件13

"铸鼎象物——解读青铜器型之家国意识"评价量规（10分）

| 观测点 | 具体要求 | 分值 | | | 得分 |
|---|---|---|---|---|---|
| 认知体会 | 能简单概括出青铜器外形，并根据青铜器的造型推断其用途与类别。 | | 3 | 2 | 1 |
| 交流表达 | 能与其他同学交流表达自己的观点，认真倾听其他同学的观点，敢于展示自我。 | | 3 | 2 | 1 |
| 动手实践 | 能绘制出构图合理、造型完整、线条流畅的青铜器刮画。 | 4 | 3 | 2 | 1 |
| 总评 | 优点：<br>不足： | | | 总分 | |

附件14

"明鉴神奸——探索青铜纹饰之家国内涵"评价量规（10分）

| 观测点 | 具体要求 | 分值 | | | 得分 |
|---|---|---|---|---|---|
| 认知体会 | 掌握纹样概念和种类，重点理解饕餮纹与云雷纹的样式与内涵。 | | 3 | 2 | 1 |

（续表）

| 活动参与 | 是否积极参与到活动中，大胆创作，积极交流。 |  | 3 | 2 | 1 |
|---|---|---|---|---|---|
| 动手实践 | 拓印步骤完整，作品效果突出，能够感受到青铜纹样的美观。 | 4 | 3 | 2 | 1 |
| 总评 | 优点：<br>不足： |  |  | 总分 |  |

附件15

| "牧野青铜——探究镇馆之宝的家国内涵"评价量规（10分） |||||||
|---|---|---|---|---|---|---|
| 观测点 | 具体要求 | 分值 ||||得分|
| 文化理解 | 理解青铜器背后隐藏的文化内涵，例如"天圆地方""藏礼于器"等理念。能欣赏青铜器之美，在日后自觉宣传青铜文化，增强民族自豪感和文化自信。 | 4 | 3 | 2 | 1 | |
| 文物鉴赏 | 结合之前环节二、三的学习，对子龙鼎与牛首爵进行赏析，书面表达自己的想法。 |  | 3 | 2 | 1 | |
| 活动参与 | 积极参与作品展示，能勇于表达自己的想法，主动倾听同学的分享，真诚交流。 |  | 3 | 2 | 1 | |
| 总评 | 优点：<br>不足： |  |  | 总分 |||

# 侯官文化主题美术与书法作品展策划

林瑞香[*]

## 一、展览的公共美育价值/意义

习近平总书记高度重视传承和弘扬中华优秀传统文化，作出一系列重要论述，为我们此次侯官文化主题美术与书法作品展提供了根本遵循。要认真学习并贯彻党的二十大精神和福建省第十一届委员会第三次全会部署要求，坚定文化自信自强，系统梳理侯官文化历史源流，全面挖掘侯官文化的精神内涵，深入践行侯官文化的当代价值，厚植爱国主义情怀，激发创新创造活力，大力弘扬崇尚科学、严谨治学、实干担当的精神，踔厉奋发，团结奋斗，努力开创福建省高等教育发展崭新局面，为新发展阶段新福建建设提供丰厚文化滋养和有力人才支撑。

此次展览在福建师范大学美术馆举办，充分发挥高校作为教育、科技、人才、创新的重要载体作用，发挥侯官文化等中华优秀传统文化的固本培元、启智润心作用，遵循"增强时代感、聚焦学术性、突出文化性、彰显青年味"的总体原则，注重互动性和体验性，着力强化宣传研究阐释，孵化培育一批高质量研究成果和文化产品供给，进一步提升侯官论坛的学术影响力和国际传播力，更好地打造千年"侯官文

---

[*] 福建师范大学美术学院讲师。

化"福州城市新名片,将侯官文化塑造成为新时代八闽首邑的重要文化标识,推动侯官文化进学校、进课堂,充分激发侯官文化铸魂育人、立德树人的积极作用,助力新时代青年厚植爱国情怀、坚定文化自信。侯官文化书画作品展的公共美育价值及意义,可以从以下几个方面来探讨。

一是文化传承与理解。侯官文化是一个历史悠久的区域文化,通过展示侯官文化主题美术与书法作品,可以帮助公众了解和认识侯官文化的独特魅力和深厚底蕴。这不仅有助于传承和发扬侯官文化,也能促进公众对传统文化的理解和认同。

二是艺术教育与审美提升。书画作品展作为艺术教育的一种形式,可以培养公众的审美能力和艺术素养。通过欣赏侯官文化主题书画作品,公众可以在潜移默化中提高自己的审美水平和艺术修养,从而提升整体的公共美育水平。

三是地区凝聚与文化自信。侯官文化主题美术与书法作品展的举办,可以增强地区的凝聚力和文化自信。看到自己所在地区的文化被展示出来,会感到自豪和自信,进而形成一种共同的认同感和归属感。这种凝聚力的增强有利于区域的稳定和发展。

四是跨文化交流与理解。侯官文化主题美术与书法作品展还可以作为一种跨文化交流的平台。通过展示侯官文化的书画作品,可以让更多的人了解侯官地区的文化特色和风土人情。这有助于促进不同地区、不同文化之间的交流和理解,增进彼此的友谊与合作。

五是激发创作热情与培养艺术人才。侯官文化主题美术与书法作品展不仅可以满足公众的美育需求,还可以激发公众的创作热情。当人们看到侯官文化的书画作品时,可能会受到启发并激发出自己的创作灵感。此外,通过展览还可以发现和培养更多的艺术人才,为艺术界注入新的活力。

六是推动地方经济发展。侯官文化主题美术与书法作品展的举办，可以吸引更多的游客和观众来到侯官地区。这不仅有助于提升侯官地区的知名度，还可以带动当地的旅游业和其他相关产业的发展，为地方经济带来一定的推动作用。

七是创新与创意的展示。侯官文化主题美术与书法作品展可以为公众展示创新和创意的成果。侯官地区的艺术家们可以通过展示他们的作品，表达他们对传统和现代元素的融合与创新。这种展示可以激发公众的创新思维，鼓励他们尝试新的创作方法和艺术形式。

八是促进社会和谐与文明进步。侯官文化主题美术与书法作品展作为一种公共美育活动，可以促进社会的和谐与文明进步。通过展示具有侯官特色的书画作品，可以传递积极向上的价值观和思想观念，引导公众追求美好生活和高尚情操。这有助于推动社会的文明进步和和谐发展。

总的来说，侯官文化主题美术与书法作品展的公共美育价值及意义非常丰富。它不仅有助于传承和发扬传统文化，还能在满足公众的美育需求、提升审美水平、促进跨文化交流和理解、激发创作热情与培养艺术人才、推动地方经济发展、展示创新与创意、促进社会和谐与文明进步等多个方面产生积极的影响。

## 二、策展思路

### （一）展览主题

闽人智慧　侯官精神——侯官文化主题美术与书法作品展。

## （二）展览概念海报

图1　展览海报

## （三）展览前言

为深入学习贯彻习近平新时代中国特色社会主义思想和党的二十大精神，学思践悟习近平文化思想，传承弘扬侯官文化，福建省委决定2023年继续举办第二届侯官论坛。"闽人智慧　侯官精神——侯官文化主题美术与书法作品展"是第二届侯官论坛系列活动的重要组成部分。

侯官曾是福州的古称，自古以来人文荟萃，有"海滨邹鲁"之称。尤其是近代以来，林则徐、沈葆桢、陈宝琛、林纾、严复、林启、林旭、林觉民、王荷波、林祥谦、侯德榜、陈岱孙、林徽因……这些近现代史上响当当的人物都是侯官人。他们心系家国、胸怀天下、开眼观变、力挽神州，成为近代中国政治、军事、经济、文化以及教育、科技领域的名士英杰、风云人物，其中蕴含的闽人智慧、侯官精神，如璀璨巨星照亮近代中国的天空，留下了"近代风流出侯官"的美誉。流风余韵，至今激起时代回响。侯官人物之风姿、侯官风景之优美、侯官文化之深邃，不时为文人墨客所抒怀吟咏、挥毫赋彩。

本次展览展陈130余幅作品，分为"侯官文化名人题材主题创作""侯官人文景观主题创作""侯官文化主题书法创作"三个板块。展览作品内容丰富、形式多样，散发着浓郁的时代气息。展览以福建师范大学美术学院收藏或师生、校友创作的作品为主，其中既有馆藏的林则徐、陈宝琛、严复、林觉民等近代侯官名人书画作品，又有范迪安、徐里、林容生、王来文、卢志强、汤志义等闽籍全国书画名家作品，还有向全省各高校征集的侯官文化主题艺术创作。作品紧扣侯官文化主题，以油画、国画、书法、雕塑、漆画、水彩、摄影等不同艺术形式，全面展现了侯官文化的历史底蕴、文化内涵和时代价值。

福建师范大学美术学院长期以来重视美术主题创作，发掘八闽优秀文化资源，创作了一大批具有历史底蕴和时代精神的精品力作。本次展览首次全面探索侯官文化、研究侯官文化、展现侯官文化，是一次有特色的、高水平的主题艺术展览，也是福建师范大学美术学院学科建设和人才培养成果的一次全面展示。它的举办对大力传承弘扬侯官文化，打造侯官文化品牌，推动侯官文化在新时代传承发展，无疑具有重要的时代价值和现实意义。（图2）

图2 展览前言

## （四）展览信息

展览时间：2023年11月17日至12月17日。

展览地点：福建省福州市福建师范大学美术馆1、2、3号展厅。

指导单位：福建省委宣传部、福建省教育厅。

主办单位：福建师范大学。（图3）

图3 展厅外部

# 三、实施过程

## （一）展览主题诠释

  侯官文化是指以侯官地区为背景，以侯官文化传统为基础，经过长期历史积淀形成的具有独特性的文化现象。侯官文化包括多个方面，如文学、艺术、历史、哲学、宗教等，以及各种民间习俗和传统手工艺。这些方面共同构成了侯官文化的独特性和多样性。侯官文化的特点可以概括为以下几个方面。

  首先，侯官文化深受中原文化的影响，同时又具有强烈的海洋文化特征。侯官地处东南沿海，位于闽江下游，背山面海，有着丰富的海洋资源。这种独特的地理位置使得侯官文化既能够吸收中原文化的精髓，又能够充分地利用海洋资源，发展出独特的海洋文化。

其次，侯官文化具有多元性的特点。侯官地区处于福建、江西、浙江等省份的交界处，是闽越文化的核心区域。这里汇聚了不同地域的文化特色，形成了多元的文化氛围。侯官文化既包含了中原文化的典雅和庄重，又融合了南方文化的细腻和精致，同时还具有闽越文化的独特韵味。

再次，侯官文化具有务实、开放、进取的特点。侯官人民在长期的实践中，形成了注重实际、追求实效的价值观。这种价值观使得侯官文化具有强烈的开放性和进取性，能够积极地吸收外来文化和先进思想，与时俱进地发展自身文化。

最后，侯官文化具有深厚的历史底蕴和人文精神。侯官地区有着悠久的历史渊源，是福州文化的发源地之一。这里的先民们在长期的历史演进中，创造了丰富多彩的文化遗产，如昙石山文化、黄土仑文化等。这些文化遗产中蕴含着侯官地区独特的人文精神和历史记忆，是侯官文化的重要组成部分。

综上所述，侯官文化具有鲜明的地域特点，包括中原文化与海洋文化的交融、多元性、务实开放、历史底蕴和人文精神等。这些特点使得侯官文化在福州文化乃至中国传统文化中独树一帜，具有重要的历史和文化价值。

侯官文化主题美术与书法作品展的展览主题诠释可以从以下几个方面来探讨。

一是传统与现代的融合。侯官文化作为传统文化的代表，有着深厚的历史底蕴和丰富的艺术传承。同时，侯官地区的艺术家们也在不断探索和创新，将传统元素与现代技法相结合，展现出独特的艺术风格。因此，展览主题可以突出传统与现代的融合，展示侯官文化在传承与创新之间的独特魅力。

二是地域性与普遍性的结合。侯官文化主题美术与书法作品展不仅展示了侯官地区的文化特色，也反映了人类对美好生活的追求和向往。侯官地区的艺术家们通过创作表达了对自然、人文和社会的感悟与思考，展现出人类对美的共同追求。因此，展览主题可以强调地域性与普遍性的结合，突出侯官文化与其他文化的交流与互动。

三是社会关怀与情感表达。侯官文化主题美术与书法作品展中的作品，既是一种艺术表现，也是对社会现实和人类情感的反映。侯官地区的艺术家们通过创作表达了对社会问题的关注和思考，同时也传达了他们对生活的热爱和对美的追求。因此，展览主题可以突出社会关怀与情感表达，让观众感受到作品中所蕴含的深刻内涵和真挚情感。

四是艺术教育与审美推广。侯官文化主题美术与书法作品展作为一次艺术教育活动，旨在提高公众的审美水平和艺术素养。展览主题可以围绕艺术教育与审美推广展开，突出侯官文化书画作品在公众美育中的重要地位和作用。通过展览的举办，可以激发公众的创作热情和艺术兴趣，培养更多的艺术人才。

五是文化交流与地方发展。侯官文化主题美术与书法作品展不仅是一次艺术交流活动，也是推动地方发展的重要平台。通过展览的举办，可以吸引更多的游客和观众来到侯官地区，促进当地的旅游业和其他相关产业的发展。同时，展览也可以提升侯官地区的知名度和形象，为地方经济带来一定的推动作用。

综上所述，侯官文化主题美术与书法作品展的展览主题诠释可以从传统与现代的融合、地域性与普遍性的结合、社会关怀与情感表达、艺术教育与审美推广以及文化交流与地方发展等多个方面来探讨。通过突出这些主题，可以让公众更好地了解和认识侯官文化的独特魅力和深厚底蕴，同时也能够促进地方文化的传承与发展。

## （二）活动对象

本次展览活动面向的群体主要是侯官论坛与会领导、相关领域海内外专家学者、优秀论文作者、在校师生、校友、艺术爱好者以及侯官文化爱好者等。其中，侯官论坛与会领导对侯官文化的关注本身较高，对展览更有共鸣；相关领域的海内外专家学者对侯官地区的历史、文化、人文景观等有深入的了解和认识，他们可能会对展览中的作品有着更为深刻的理解和感受；艺术爱好者则对艺术作品有着较高的鉴赏能力和兴趣，他们可能会对展览中的作品从艺术角度进行深入的分析和研究。而广大的师生、侯官文化爱好者可能通过展览来了解侯官文化的魅力，提高自己的审美水平和艺术素养。（图4）

针对不同的活动对象，本次展览采取了多种形式的宣传和推广策略。例如，针对侯官文化的爱好者，可以通过相关的文化机构和媒体进行宣传，让他们了解到展览的举办信息和亮点。针对艺术爱好者，则可以通过艺术类网站等渠道进行宣传，让他们对展览中的作品产生兴趣并前来参观。针对广大的社会公众，则可以通过社交媒体、公共广告等渠道进行宣传，让更多的人了解和参与到展览中来。（图5）

图4　观众参观展览　　　　图5　罗礼平院长现场讲解

同时，为了让更多的观众能够深入了解展览的主题和内容，本次展览还设置了多种形式的导览和讲解服务。例如，在展览现场采用创作者亲自进行讲解作品背后的故事，为观众提供更为详细和生动的解说。此外，还提供了多媒体导览和二维码扫码解读等环节，让观众能够更加深入地了解侯官文化的内涵和魅力。（图6）

侯官文化论坛启幕，与会人员共同观看了由福建师范大学出品的侯官文化主题暖场视频，欣赏了由福建省委宣传部组织名家创作、福建师范大学音乐学院师生演绎的主题歌曲《侯官是我家》，颂扬侯官这片古老厚重而又生机勃发的土地。通过侯官论坛启幕系列活动的铺垫，不仅提供了重要的学术支持，论坛开幕的系列活动也使侯官文化书画作品变得更加饱满和生动。（图7）

图6　展览现场　　　　　　　　　图7　黄忠杰教授为观众讲解

### （三）活动主题

本次展览活动的主题为"闽人智慧　侯官精神——侯官文化主题美术与书法作品展"。该主题明确地表达了展览的核心内容和目的，即通过展示侯官地区的书画作品，传承和发扬侯官文化，提高公众对侯官文化的认识和了解，突出了书画作品的艺术价值和审美魅力。同时，展览主题也强调了艺术与文化的结合，通过艺术的形式来呈现和推广侯官文化，让更多的人感受到侯官文化的独特魅力和深厚底蕴，为第二届侯官论坛的圆满举办锦上添花。

### （四）活动内容及过程

#### 1. 感知美、体验美

感知美和体验美是人们对美的两种不同层次的感受。感知美主要是指人们对美的感觉和认知，是人们通过感官对美的初步认识和感受。而体验美则是在感知美的基础上，进一步深入美的内涵和价值，是人们对美的更深入的理解和感受。

在本次展览中，观众可以通过观看展览中的书画作品，感知到侯官文化的历史底蕴和艺术价值。他们可以通过观察作品的线条、色彩、构图等元素，初步认识和感受作品所表达的美。同时，在展览过程中，专业的讲解员可以为观众提供更为详细和生动的解说，帮助他们更好地理解作品的历史背景、艺术风格和创作意图，从而更深入地感知美的存在。观众可以通过对作品的深入观察和分析，体验到作品所表达的情感、思想和文化内涵。例如，他们可以通过观察作品中的人物形象、自然景观等元素，感受到侯官地区的历史文化、风土人情和社会风貌。

总之，感知美和体验美是人们对美的不同层次的感受。在本次展览中，观众可以通过观看展览、听取讲解、参与互动等方式，逐步深入美的内涵和价值，从而更全面地理解和感受侯官文化的独特魅力和深厚底蕴。

#### 2. 创造美、表达美

创造美和表达美是艺术创作过程中的两个重要环节。创造美是指艺术家通过自己的想象和创意，创造出具有美感的艺术作品。而表达美则是指艺术家通过一定的表现手法和技巧，将美感传达给观众。

在本次展览中，艺术家们通过自己的创作和表达，将侯官文化的独特魅力和深厚底蕴展现得淋漓尽致。他们通过对侯官地区的历史、文化、人文景观等方面的了解和研究，激发出创作的灵感和想象力。他们运用各种艺术形式和表现手法，如绘画、书法、摄影等，将侯官文化的美丽和魅力融入自己的作品中。

同时，艺术家们还注重表达美的技巧和手法。他们通过选择合适的色彩、构图、线条等元素，将美感传达给观众。例如，在绘画中，他们运用细腻的笔触和丰富的色彩，将侯官地区的自然风光和人文景观生动地呈现出来。在书法中，他们运用精妙的笔法和字形，将文字的内涵和意义表达得淋漓尽致。

此外，艺术家们还注重与观众的沟通和交流。在展览现场，他们与观众进行互动和交流，听取观众的意见和建议，从而更好地传达美感。他们还通过讲解和导览等方式，为观众提供更为详细和生动的解说，帮助他们更好地理解和感受艺术作品的美。

总之，创作美和表达美是艺术创作过程中的两个重要环节。在本次展览中，艺术家们通过自己的创作和表达，将侯官文化的美丽和魅力展现得淋漓尽致。他们运用各种艺术形式和表现手法，将美感传达给观众。同时，他们还注重与观众的沟通和交流，从而更好地传达美感。

## 四、效果评估

本次展览的效果评估可以从多个方面来进行。

首先，从展览的组织和策划角度来看，本次展览展出了130多幅作品，内容丰富、形式多样，散发着浓郁的时代气息，显示出展览的广度和深度。

其次，从观众的角度来看，展览吸引了大量观众前来参观，通过观看展览、听取讲解、参与互动等方式，观众们对侯官文化有了更深入的了解和认识。同时，观众们也给予了很高的评价和认可，认为展览具有很高的艺术价值和历史意义。

最后，从社会影响的角度来看，本次展览也产生了广泛的社会影响。通过媒体的报道和宣传，展览引起了社会各界的广泛关注和讨论，进一步提高了侯官文化的知名度和影响力。同时，展览也促进了文化交流和地方发展，为当地的文化产业和旅游产业注入了新的活力。

本次展览取得了圆满成功，达到了预期的效果。通过展览的组织和策划、观众反馈和社会影响等方面的评估，可以认为展览具有很高的艺术价值和社会意义，为推动侯官文化的传承和发展做出了积极的贡献。

## 五、亮点及创新点

侯官书画作品展的亮点和创新点主要体现在以下几个方面。

一是展览主题创新。本次展览以侯官文化为主题，将侯官地区的文化名人、人文景观、文化主题书法等元素融合在一起，通过作品展示侯官文化的历史底蕴、文化内涵和时代价值，这种主题设置新颖，具有地方特色和时代气息。

二是作品内容丰富。本次展览展出了130多幅作品，包括林则徐、陈宝琛、严复、林觉民等近代侯官名人书画作品，以及范迪安、徐里、林容生、王来文、卢志强、汤志义等闽籍全国书画名家作品。这些作品紧扣侯官文化主题，全面展现了侯官文化的历史底蕴、文化内涵和时代价值。

三是形式多样。本次展览作品形式多样，包括中国画、油画、水彩画、书法、摄影、城图展示等，给观众带来丰富的视觉体验。（图8）

图8　展陈效果（一）

四是地方特色。本次展览以福建师范大学美术学院师生和校友创作的作品为主，这些作品既具有地方特色，又具有时代气息，充分展现了福建地区独特的文化魅力。（图9）

五是创新互动。本次展览还设置了一些互动环节，让观众可以更深入地了解和体验侯官文化。比如，展览现场设置了"扫码看解说"的互动环节，观众可以通过扫描二维码看到关于作品和侯官文化的详细解说，增强了观众的观展体验。（图10）

总的来说，侯官文化主题美术与书法作品展的亮点和创新点主要体现在展览主题创新、作品内容丰富、形式多样、地方特色和创新互动等方面，这些因素共同构成了本次展览的独特魅力。

图9　展陈效果（二）

图10　展陈效果（三）

## 六、反思与评价

本次展览虽然取得了一定的成功，但在反思与评价中，我们仍可以发现一些问题和不足之处。

首先，在展览的组织和策划方面，虽然我们尽可能地收集和整理了侯官地区的书画作品和历史文化资料，但由于时间和资源的限制，仍有一些优秀的作品和资料未能参与展览。此外，在展览的策划和布局方面，也存在一些不足之处，如作品展示的层次感和灯光效果不够突出，影响了观众的观赏体验。

其次，在展览的宣传和推广方面，虽然我们通过多种渠道进行宣传和推广，但仍有部分观众反映未能及时了解到展览信息。这主要是由于我们在宣传渠道的选择和信息发布的时间上存在一些不足之处。未来，我们需要更加注重宣传渠道的覆盖和信息的及时发布，提高展览的知名度和影响力。

最后，在观众服务和互动体验方面，我们也存在一些不足之处。部分观众反映在展览现场缺乏必要的导览和讲解服务，影响了他们对作品的欣赏和理解。未来，我们需要加强对观众服务和互动体验的重视，提供更加专业和细致的导览和讲解服务，增强观众的参与感和体验感。

在未来的展览中，我们需要更加注重策划、宣传、观众服务和互动体验等方面的工作，不断提高展览的质量和水平。同时，我们也需要继续关注侯官地区的历史文化和艺术发展动态，为观众呈现更加丰富多彩的展览内容。

# 我为先生画像
## ——"纪念卢作孚先生诞辰130周年·我为卢作孚先生画像——全国少儿美术作品展"案例策划

黄 睿[*]　庞 恒[**]

## 一、展览的公共美育价值和意义

2020年7月21日，习近平总书记在企业家座谈会上指出，抗战时期的卢作孚是"爱国企业家的典范"。卢作孚先生留下的以爱国主义为核心的企业家精神，是我们的宝贵财富。2023年是卢作孚先生诞辰130周年，为了生动讲好卢作孚故事，传承和发扬卢作孚企业家精神，打造重庆合川特有的文化名片，合川区委、区政府特将2023年的4月10—16日定为"作孚周"，开展了纪念卢作孚先生诞辰130周年暨"作孚周"系列活动。

举办"纪念卢作孚先生诞辰130周年·我为卢作孚先生画像——全国少儿美术作品展"恰逢爱国企业家卢作孚先生诞辰130周年，为缅怀先贤，推进全民美育，加强艺术交流，擦亮"中国儿童画之乡"艺术品牌，做好纪念卢作孚先生诞辰130周年暨"作孚周"系列活动。

我们将以主题展览活动为契机，持续挖掘、传承、弘扬卢作孚精

---

[*] 重庆合川美术馆展览部主任，副研究馆员。
[**] 重庆对外经贸学院讲师。

神。主题展览活动的开展，让卢作孚精神事迹深入人心，极大地营造了浓厚的纪念氛围。开展主题展览活动，让传承内化于心、外化于行，使传承弘扬卢作孚精神不止步于"作孚周"的纪念日活动，而是人人、事事、时时，融入生活的方方面面。如拍摄完成纪录片《卢作孚》、开展师生绘画主题比赛、培训小志愿者导览、组织民营经济人士及商会组织开展"传承和弘扬卢作孚精神研学活动"、筹建卢作孚教育基金等，让卢作孚精神成为城市精神中可观、可感、可行的重要部分。特别是党员领导干部带头，使全市上下持续形成传承和弘扬卢作孚精神的良好氛围，对更好建设现代化区域中心城市具有重要的意义。

## 二、策展思路

### （一）展览主题

纪念卢作孚先生诞辰130周年·我为卢作孚先生画像——全国少儿美术作品展。

### （二）展览概念海报

图1

图2

### (三)展览前言

穿越时光之海,透过笔墨之趣,我们回望作孚先生英雄传奇的一生、爱国救国的一生。

人间最美四月天,我们重温作孚先生教育精神,以艺术之心,诠释时代,对待生活。由中共重庆市合川区委统战部、重庆市合川区教育委员会、重庆市合川区文化和旅游发展委员会主办,重庆合川美术馆、重庆合川儿童画学会承办的"纪念卢作孚先生诞辰130周年·我为卢作孚先生画像——全国少儿美术作品展"于2023年3月面向全国发起,短短一个多月,收到河南郑州、内蒙古巴彦淖尔、山东日照、山西忻州、江苏南京、湖北襄阳等全国各省市和重庆市内各区县美术作品500余件。孩子们踏着作孚先生足迹,用油画棒、国画、水粉、油画、素描、雕塑、综合材料等不同形式的美术作品,向作孚先生致敬。经过评审专家严密审慎的初评和复评,最终评选出124件作品参加展览,其中评选出儿童组103件作品展出(一等奖11件、二等奖22件、三等奖29件、优秀奖41件);少年组21件作品展出(一等奖2件、二等奖4件、三等奖6件、优秀奖9件)。"卢作孚故事架上连环画"系列8部邀请重庆本土艺术家参与完成,以卢作孚先生生平事迹为蓝本创作,主要反映了卢作孚从北碚进行乡村建设再回到合川创建民生公司的艰难历程和宜昌大撤退的伟大壮举,分别以"艰辛求学路""教育救国梦""办民生公司""搞乡村建设""立志办航运""统一川江线""宜昌大撤退""北归沐春风"为单元开展架上连环画展览。伟大的时代需要伟大的精神,崇高的事业需要榜样的引领。作孚先生波澜壮阔的一生,激发着孩子们的创作灵感;作孚先生矢志不渝的救国梦,点燃了孩子们的强国梦。

这个温暖的春天,我们追昔抚今,走向未来。

山河永在,生生不息。作孚精神浩气长存!

### （四）展览信息（时间、地点、目标观众等）

主办单位：中共重庆市合川区委统战部、重庆市合川区文化和旅游发展委员会、重庆市合川区教育委员会。

承办单位：合川美术馆、重庆市合川区儿童画学会。

展览时间：2023年4—5月。

展览地点：合川美术馆、重庆市合川区艺术中心广场。

目标观众：各中小学、幼儿园学生以及广大市民。

展品数量：200件。

## 三、实施过程

### （一）展览主题诠释

"纪念卢作孚先生诞辰130周年·我为卢作孚先生画像——全国少儿美术作品展"以"缅怀先贤忆初心，传承精神勇担当"为主题，通过美术作品展览形式，旨在传播伟大民族实业家在乡村建设事业中的爱国主义精神，具有弘扬爱国主义教育的美育意义。

2023年，恰逢纪念卢作孚诞辰130周年之时，其中"推动乡建"板块连环画描述先生百年前乡村建设的丰功伟业，及在民族救亡事业中的爱国主义精神。先生百年前在重庆北碚进行一系列乡村建设实验：建设了被誉为"重庆北戴河"的北温泉公园，创立了中国唯一且最大的民办科研机构——中国西部科学院，建成了四川第一条铁路——北川铁路，组建了当时四川最大的煤矿——天府煤矿，等等。这些伟大事迹，在新时代大力发展乡村振兴的当下，具有深远的爱国主义教育意义和乡村建设探索经验的借鉴价值。

作品以卢作孚青年时期探索乡村建设为题材，表现伟大民族实业家在乡村建设事业中的爱国主义精神。

"我为先生画像"连环画展览、《卢作孚故事》连环画展览展示等活动，万余人观看。

### （二）活动对象

开幕式参加人员：重庆市人大常委会办公厅、市政协办公厅、市委宣传部、市委统战部、市工商联、市教委、市文化旅游委等有关部门负责人，重庆北碚区有关领导，卢作孚先生家属代表，民生实业（集团）有限公司职工代表（10人），合川市全体区级领导（40人），区委各部委、区级各部门、各人民团体、区属事业单位和国有企业主要负责人（105人），各镇街党政主要负责人（60人），重庆在合直属机构及金融单位、在合高校主要负责人（14人），专家学者，民营企业、小微企业、个体工商户及客商代表（60人，其中，农业及农产品加工企业10家，工业企业20家，商贸服务业企业10家，小微企业及个体工商户10家，客商10家），大中小学、幼儿园师生，广大群众。

### （三）活动主题

"作孚周"，美育行。

### （四）活动内容

在4月10—16日"作孚周"期间，通过举行主题展览展演、专题讲座和组织参观展览活动等系列活动，大力弘扬卢作孚先生"革命救国""教育救国""实业救国"精神，激励引导广大市民群众踔厉奋发、勇毅前行，努力在推动现代化进程建设中展现新担当、实现新作为。以"1+N"的方式进行，1为启动仪式，N为若干子活动。

区委统战部、区教委、区文化旅游委联合主办，区美术馆、区儿童画学会承办的"纪念卢作孚先生诞辰130周年·我为卢作孚先生画像——全国少儿美术作品展",河南省、内蒙古自治区、山东省、山西省、江苏省、河北省、湖北省等重庆市外省市(区)和重庆市内各区县的作者积极参与,收到少年组、儿童组美术作品500余件,评选出参展作品124件。在美术馆、图书馆等开展以纪念卢作孚先生诞辰130周年为主题的展览活动、读书活动,1000余人参加活动。

**(五)活动过程(策划征稿到展览开幕)**

(1)活动组织由区委办公室、区政府办公室统筹,区委统战部、区委宣传部、区文旅委具体牵头征稿、创作、展览实施。

(2)区外嘉宾邀请。区人大常委会办公室、区政协办公室、区委宣传部、区委统战部、区工商联、区教委、区文化旅游委等单位负责邀请上级对口单位领导,区委办公室、区委统战部负责邀请北碚区有关领导,区委统战部负责邀请卢作孚先生家属代表,区委宣传部、区委统战委负责邀请专家学者。

(3)区经济信息委牵头负责民营企业、小微企业、个体工商户及客商代表邀请。

(4)师生代表由区教委负责提出名单并组织参加。

(5)群众代表由各街道组织群众参加。

(6)参观活动筹办。参观卢作孚先生作品展开幕式由区文化旅游委负责,车辆安排由区机关事务中心负责。参观瑞山中学新校区由区教委负责。"《卢作孚故事》架上连环画展"组织实施由区委宣传部、区文联负责。卢作孚先生主题儿童画作品展由区教委、区文化旅游委负责。现场小导游由区教委负责培训并组织参加。

(7)"纪念卢作孚先生诞辰130周年·我为卢作孚先生画像——全国少儿美术作品展"活动启动仪式筹办。由区委统战部、区委宣传部牵头负责前期准备工作。区机关事务中心会同区文旅委负责现场布置。区工商联负责签到。区文化旅游委负责确定颁奖仪式流程、获奖名单，准备获奖证书及奖品等。区机关事务中心负责确定司仪、上台人员培训引导。区委统战部负责代拟书记讲话初稿，送区委办公室审核；区委统战部负责代拟区长主持词初稿，送区政府办公室审核。校长代表发言材料由区教委负责初审，青年企业家代表发言材料由区工商联负责初审，初审过的发言材料由区委统战部汇总后按程序呈审。

（8）区委宣传部负责统筹开展活动宣传报道，包括外宣媒体邀请、宣传方案制定、活动现场影像资料收集。

（9）区委政法委、区公安局、区应急局、区信访办、南津街街道等负责安全维稳工作。

## （六）感知美、体验美

美育建设不能一意孤行，需要多角度全方面地斟酌整体框架。不仅需要把握好边界尺度，明白本体的专长与限度，还要把各领域的力量聚合起来，让点连成线，线生成面，共同统筹美育计划，形成稳固的美育圈。

本案例以卢作孚为审美对象，以卢作孚文化精神为内核，挖掘地域文化资源，揭示卢作孚以美育净化人心、以美学精神锻造人格的思想所具有的前瞻性意义与巨大贡献，构建一个开放的教育生态平台，连接学院内外有志于艺术教育、美育事业的机构参与美育实践，双向互动筑造乡村文化生态链，共同营造适宜美育的生态环境，释放出更多优秀的传统文化活力。同时与博物馆美育课程资源深度拓展融合，共同发现美、体验美、实践美、传递美。

### (七)创造美、表达美

卢作孚重视美学精神和教育中的美育角色，以美育净化人心，以美学精神锻造人格，实现了合川、北碚乡村建设中人心与情感的凝聚，也带来了北碚实验的成功。而卢作孚先生超越物质功利的美学精神，以及科学与艺术结合的社会美育实践，已经成为合川、北碚乃至重庆重要的思想资源与文化遗产。结合当代乡村文化振兴发展实践的广阔需求，旨在强化乡村学校美育建构，设置对于"美"追寻的有效途径，具有审美启蒙、学生美育干预的重要作用。让每一名学生都能在美育方面得到更充分的发展。美育不再是选修课和兴趣特长，而是成为人人能享有的成长的生命底色，同时通过艺术自身的软实力，带动美育产业，实现美育产能经济发展。美育建设需要联合学校、社区、乡村等基层形成合力，统筹推进，也让美育的方式变得多元化，使美育的边界触角延伸得更加广阔，覆盖性得到有效提升，方能真正迎来"放牛班的春天"。

## 四、活动现场图片

图3　活动开幕式颁奖现场

图4　学生志愿者在"纪念卢作孚先生诞辰130周年·我为卢作孚先生画像——全国少儿美术作品展"现场讲解

图5　家长参观"纪念卢作孚先生诞辰130周年·我为卢作孚先生画像——全国少儿美术作品展"

| 新时代美术馆公共美育 |

图6　学生志愿者在"纪念卢作孚先生诞辰130周年·我为卢作孚先生画像——全国少儿美术作品展"现场导览

图7　主要领导参观"纪念卢作孚先生诞辰130周年·我为卢作孚先生画像——全国少儿美术作品展"

图8 获奖作者在"纪念卢作孚先生诞辰130周年·我为卢作孚先生画像——全国少儿美术作品展"现场

## 五、效果评估

　　展览以《卢作孚故事》为内容，采用"名家画伟人"架上连环画和"儿童画伟人"儿童画的形式，通过开展"纪念卢作孚先生诞辰130周年·我为卢作孚先生画像——全国少儿美术作品展"的活动，前后吸引了万余人观看，传播了伟大民族实业家在乡村建设事业中的爱国主义精神，具有弘扬爱国主义教育的美育意义。

## 六、亮点及创新点

### （一）亮点

#### 1. 社会影响力方面

纪念卢作孚先生诞辰130周年暨"作孚周"系列活动，旨在弘扬企业家精神，优化营商环境，激励引导广大干部群众、企事业单位、青少年踔厉奋发、勇毅前行，努力在新时代新征程中展现新担当、实现新作为，成为全面建设社会主义现代化新合川凝聚力量的重要抓手和载体。

#### 2. 活动内容形式方面

"《卢作孚故事》架上连环画展"，用"名家画伟人"架上连环画的形式邀请名家画卢作孚生平的伟大事迹，用视觉图像传达爱国精神。"全国少儿美术作品展"全面向全国少儿美术爱好者公开征集，入选作品百余件，通过专家评奖后于"作孚周"期间展出后由合川美术馆永久收藏。发放收藏证书以资鼓励，极大鼓舞了广大青少年作者参与的信心。

#### 3. 美育意义方面

卢作孚先生提出乡村第一重要的建设事业是教育。乡村美育是乡村文化教育的助推剂，目前存在城乡学校美育融合脱节、乡土文化场地打造牵强且内涵不足等状况。本土教育力量的成长无疑是乡村美育生态发展的核心。埋下"美"的种子固然重要，但如果后期不培育、不浇灌，也很难开花结果。因此，如何建立长效发展机制，使乡村美育能够接地气、能生长，实现"输血"和"造血"等，成为乡村美育工作更重要的命题。同时乡村美育需保持开放性与传承性：一方面，合理利用乡村环境资源，引导民众认识自然美；另一方面，引导民众从乡土民俗、乡土文化、民间工艺中认识艺术美、生活美，进而认识社会美。

**（1）深挖美育沉潜资源**

继续推进特岗教师计划，并倾斜于美育教师的数量，同时结合社会资源，发掘合川本地有艺术专长的人，鼓励城市文艺从业者、民艺家开展课外辅导工作，充实乡村师资。乡村学校应充分利用自身优势，坚持因地制宜、就地取材，进行更接地气的美育实施。乡村学校在开设美术等课程的基础上，适当增设涉及当地的非物质文化遗产以及其他具有地方特色的美育课程，比如串联起合川峡砚、合川根雕、双槐善书等资源，让学生在家门口感受到家乡艺术的魅力，这样多维度、多主体的美育资源发力，为乡村美育赋能开源。如利用结合得当，也能缩小城乡之间的艺术教育的差距，不仅开阔了基层群众和孩子们的眼界，也为城乡美育资源的平衡发展做出了积极探索。

**（2）采取多元化的教学实践**

以中华美育精神作为价值引领，创建"大课堂""大教研""大平台"的教学方式，提高学生审美素养与人文情怀。在具体实施过程中，教师将美育综合实践课程教学作为专门的教学方法进行研究与实践。例如开展卢作孚旧居、陶行知先生纪念馆的馆校联动美育活动课程，基于各馆藏品、学科知识点进行美育认知点的挖掘与整理，将美术、音乐等学科与馆藏开展美育课程资源深度交融与拓展，开展各种形式的学科审美化教学与场馆融合教学。通过构建一系列美育课程资源综合体，活化单一的传承方式，形成多方共建的美育长效机制。

**（3）运用乡村特质的美育手段**

乡村学校美育应保持自有性与传承性，需彰显出乡村特有的文化内涵。提升乡村美育就要革新美育的教学方式。例如重组合川的农耕文化，将乡土文化、乡土记忆、民俗民风等移植到教学实施过程中，让学生从小有乡愁情结，增加对故土的热爱，引导学生从审美的角度去观察村风村貌的天然美。还可以建立城乡学生美育的互动交流模式，让城市的学生到农村体验乡土民风，感受农村生活的淳朴美。同时让农村学生到城市去发现博物馆、美术馆等场所，去认知现代科学和启蒙艺术美感。这样以城带乡、以乡促城,共同做好城乡学生的美育工作。

**(4)艺术教育助力审美启蒙**

发掘艺术教育切实融入乡建的可能行与可行性,并尝试验证"通过艺术的教育"在乡建过程中促进儿童社会性发展的有效性,发现唯有"爱"和"艺术"才能修复心灵,而唯有回归"自然"才能让儿童找回自己。比如村落建筑是乡村中的重要组成部分,乡村建筑中蕴含着乡民们的风俗文化、历史渊源等。引领小朋友们了解乡村院落文化,探索乡村建筑空间,以小小艺术家的方式把对乡村建筑的所见所感呈现出来。运用乡土植物的颜色来创造,结合在乡村看到的景观、建筑、小路风貌,用不同于以往的绘画工具表现出来。在孩童天性的回归中实现美育,培养新时代学生的审美观,增强学生的想象力、创造力、发散性思维。

**(5)与高校合作,启动美育项目**

在不影响村民正常耕作与生活的前提下,将部分闲置的农舍变成民艺创作的空间,让北碚民艺人直接入住。这样既盘活了闲置房屋资源,又增加了村民的收入,逐步形成了初始文化业态,同时可以将不同文化领域进行优化联合,进行借力打力。比如将北碚的乡建文化和北碚历史古镇结合起来,收集形成有声读物等音频资料,既方便了乡村文化的传播,也实现了乡土文化的共生共荣、相互交融。同时有些项目还可以直接对接到北碚高校的艺术门类课程。艺术院校应该从理念、机制、人才、创作、评价等方面成为新时代美育的核心驱动器,使其传统焕发生机,提升当地乡村资源的区域影响力,也是后续特色美育实施的方向指引。

本土教育力量的成长无疑是乡村美育生态发展的核心。埋下"美"的种子固然重要,但如果后期不培育、不浇灌,也很难开花结果。因此,如何建立长效发展机制,使乡村美育能够接地气、能生长,实现"输血"和"造血"等,成为乡村美育工作更重要的命题。需要多维度、多主体的美育资源发力,为乡村美育赋能开源。如果利用结合得当,能缩小城乡之间的美育的差距,不仅开阔了学生们的眼界,也为城乡美育资源的平衡发展做出了积极探索。

### (二)创新点

什么样的审美观念既能符合中国美学特征又能在今天的美育教育中更好地借鉴和推广呢?庄子所提出的自然审美观值得学习和发展,尤其是针对通识美育、乡村美育的普及和推广。庄子提出"天地有大美而不言",从人的角度出发,学会发现、探索、运用自然所孕育的美,正是美育教育认知自然、认知社会作用的体现。"圣人者,原天地之美而达万物之理",即人类的生活应当顺其自然,天地万物应当遵循自然的发展规律,人应该保持自然的本性。只有这样天地间的自然生命才能得到自由的发展,才会自发地领悟美,这是美育教育潜移默化的教育作用的体现。无论身处何地,从自然中感悟美的过程是快乐的、愉悦的,这正是美育教育寓教于乐的体现。最终目的是要让美育成为每一所学校必做的事,让每一名学生都能在美育方面得到更充分的发展。

在两个一百年交会的历史节点,乡村物质层面的脱贫攻坚已是决战决胜,而乡村精神层面的美好生活还亟待开启。新时代人民美好生活向往对乡村美育提出急迫需求。新发展格局和新社交场景开拓出文艺发展的新可能。发挥新文艺创造对乡村美育的引领,迫在眉睫。结合当代乡村文化振兴发展实践的广阔需求,旨在强化乡村学校美育建构。加强乡村美育的呼声由来已久。偏远地区的学校美育更是短板,需要缩短城乡的差距。同时美育在整个乡村文化振兴建设中发挥着关键因素,具有协助复兴乡村传统文化的作用。美育建设是乡村振兴的一个重要分支领域,旨在强化乡村学校美育建构,唤醒乡土文化,推动乡村教育的活跃性,这样以城带乡、以乡促城,共同做好城乡学生的美育工作。

依托我国著名爱国实业家卢作孚先生创建的美丽北碚城及其丰富的文化资源，从"城—馆—校"这一独特的教育视角出发，遵循"城乡统筹，馆校联动"的区域大美育改革思路，与重庆市合川区、北碚区美术馆、文化馆、博物馆、作孚纪念馆等馆所联动，以区域建设与发展的开创者、影响中国和世界的卢作孚作为审美对象，以作孚先生爱国、科学、诚信、实干、奉献、担当的精神为审美载体，统筹整合城市、社会馆所和学校的自然和人文教育资源，建构"大美·卢作孚"馆校联动美育活动课程体系，开发了系列的美育活动教材，并将音乐、美术、文艺、设计等学科与各个场馆美育课程资源深度融合。以艺术为媒，在孩子、家庭、学校、乡村、社会之间形成有效互动和良性循环，开展了一系列的综合美育实践活动课程，真正体现了运用地域文化资源，培育学生成为重庆人、中国人、世界人的价值理念。

同时，建立城乡学生美育的互动交流模式，让城市的学生到农村体验乡土民风，感受农村生活的淳朴美；让农村学生到城市去发现博物馆、美术馆等场所，共同致力于挖掘地域文化资源并转变为学校教育资源，实现美育文化的多样性发展，也为城乡美育资源的平衡发展做出了积极探索。

## 七、推广价值（媒体评价）

中央及市级主流媒体相关宣传报道70余条（次），通过全区户外LED大屏播放等途径，宣传推广卢作孚先生故事1000余条（次）。

为切实提高"作孚周"纪念活动的实际效果，自2023年3月底以来，通过区属全媒体平台开设专栏、系列报道和访谈、召开新闻发布会、举行启动仪式等途径，进行集中宣传。围绕先生生平事迹，推出回顾系列报道5篇、特刊2期,撰写评论文章3篇、"卢作孚在合川"系列报道5篇。围绕"传承"和"发展"主题,访谈民营企业家代表14名,召开有中央、市级主流媒体参加的新闻发布会1场,举行了启动仪式,有关市级部门领导、全体区级领导及各部门主要负责人以及各界代表参加。

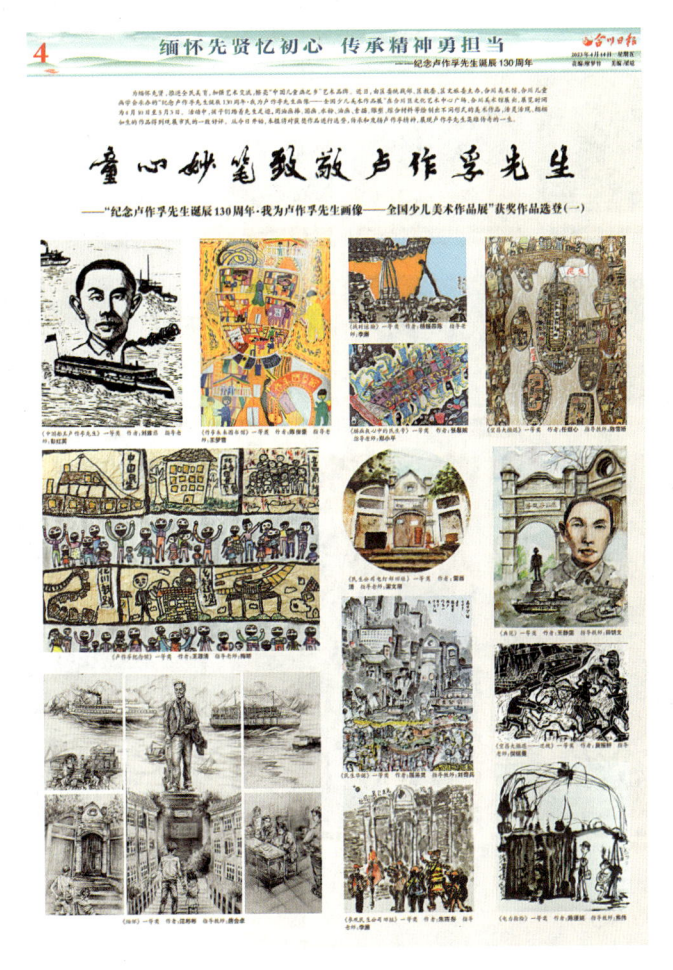

图9 "纪念卢作孚先生诞辰130周年·我为卢作孚先生画像——全国少儿美术作品展"获奖作品选登报道

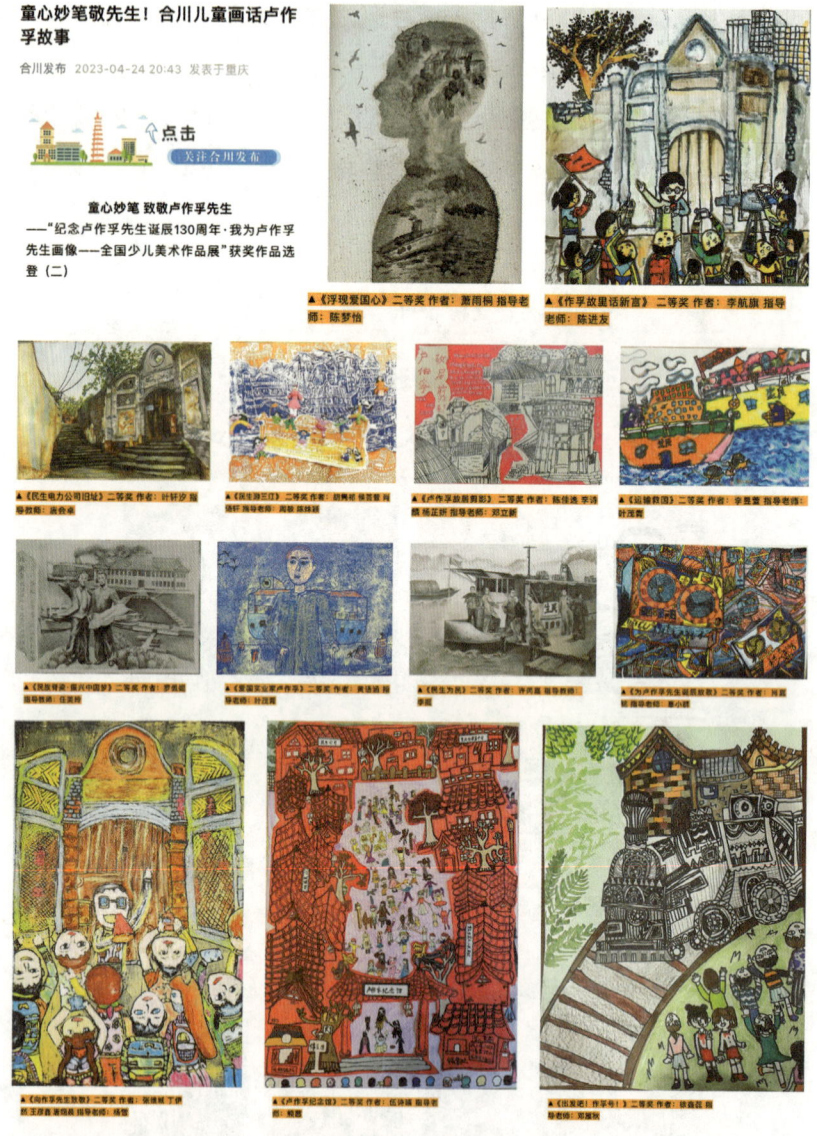

图10 "纪念卢作孚先生诞辰130周年·我为卢作孚先生画像——全国少儿美术作品展"获奖作品媒体报道

# 大美不言——亚洲现代漆艺之美
## ——福建省拓福美术馆公共美育活动案例

芦松敏[*]

## 一、策展理念

### （一）关于福建省拓福美术馆

拓福集团1998年在福州成立，主要经营商业地产。福州是中国脱胎漆器之都，历史辉煌。拓福集团为践行社会责任，2013年与清华大学美术学院在福州市主办"首届中国漆文化产业发展高峰论坛"。此次论坛提出了一些问题，主要有：当前中国漆器发展存在创新不足，类型、造型、图案较难满足当代审美情趣；中国漆画创作中漆工艺运用较少，未能充分体现独特的漆画语言，影响了漆画在社会的认知度，需要开展漆艺传承与教育、创作与研发、展览与交流等活动，培育漆文化产业发展基础。为系统、持续推动漆文化产业发展，2013年拓福集团成立福建省文教基金会，支持漆艺教育与展览。2014年，福建拓福文教基金会赞助并与福州市政府、福建省文联在福州市共同承办，文化部、中国文联、中国美协共同主办的"第十二届全国美术作品展览"漆画展。展览是新中国成立以来第一次民营企业赞助主要经费并全

---

[*] 福建省拓福美术馆馆长。

程参与承办，引入新的策展理念，取得社会各界好评，极大地促进了中国漆画教育、展览、收藏工作的繁荣发展，亦将成为中国漆画繁荣发展的里程碑。

2015年，拓福集团成立拓福美术馆、拓福漆艺研究院，占地面积4000平方米，位于福建省福州市达道路68号，是亚洲主要的漆器典藏美术馆，共藏亚洲各国漆器2500余件，其中包含中国、日本、韩国、越南、缅甸、菲律宾、泰国、柬埔寨、不丹等国漆艺术家代表性作品，并筹办"亚洲漆艺展"，确定两年一届。五届展览主题分别是混沌初开、一元复始、万象更新、春华秋实、千文万华，希望通过10年的努力，将福州打造为"亚洲漆文化交流中心"。

自拓福美术馆举办亚洲漆艺展以来，有较成熟的流程和丰富的漆文化传播效益，主要从四个板块展开：一是举办亚洲漆艺展。来自亚洲各个国家的漆艺从业者，他们有着成熟的漆器制作经验和漆工艺传承体系，作品有较强的民族文化代表性。二是亚洲漆艺研究。对整个亚洲漆文化、漆工艺、漆材料和产业进行研究，包括日本、韩国、缅甸、越南、柬埔寨、泰国、老挝、不丹等国的漆产业，东南亚地区漆器生产现状、生漆精炼和加工过程、胚体竹、木器、脱胎和颜料及漆调和剂等材料的调研，漆在各个国家的日常生活和宗教仪式上的文化研究。三是漆工艺和设计结合研究。提供关于手工艺和设计结合的建议，试图激发亚洲漆艺术新方向的兴趣。四是交换学习项目。通过研讨会、研修班等形式介绍各地漆艺技法和创作思路讨论，研究亚洲各地漆艺传承和教育，以及漆艺术对社会公共美育的传播和影响。

综上所述，应多与亚洲各国漆艺术家交流，构建亚洲文化交流平台，建立漆艺术实训基地。从工艺与艺术、艺术与设计、艺术与产业等关系去分析亚洲漆艺的现状与存在的问题，寻找原因，提出解决方案。将漆的重点转向与其他学科交融，能使漆及与漆相关工艺的融合发展，使漆艺创作者学以致用，并使之传统文化复兴。

## （二）待解决的公共美育问题

### 1."美术馆开放日"的社会美育效应

福建省拓福美术馆提出通过"美术馆开放日"、"美术馆公共教育研学课堂"，策划、举办教育实践活动，其核心是突出活动沉浸体验感及培养学术欣赏美的能力。社会美育比家庭美育和学校美育更为广泛，是生活审美实践的延续。与家庭和学校教育相比，它没有强制性措施和严格的目的，所以，社会美育对人的影响是潜移默化的，以一种无形的力量来影响人的心灵，并由此来提高公众的参与兴趣，为他们提供更多的审美实践的机会，是衡量活动的社会美育效应的重要标准。这对公共教育活动所带来的体验和课程设计提出了要求。

### 2. 需解决的公共美育痛点

当下社会美育中仍然存在不少问题亟待解决。虽然拓福美术馆通过上述提到的开放日、零距离接触等活动引起一些反响，但相比其他艺术活动，美术馆社会美育的发展仍然相对边缘。随着新媒体时代的到来，社会美育的边界需要不断拓展，以回应这个时代。

在引导大众欣赏艺术的过程中，为观众创造一个全身心投入的环境，增强社会美育互动和开放性，从而推动审美接受，是至关重要的。在展览空间中，应通过多种互动手段介入，启动观众听觉、触觉、嗅觉，乃至把各种感官互通。例如，针对少年儿童的社会美育，可以在传统文化背景下开发互动游戏，将艺术品素材经过加工整理后变成游戏资源融入美育活动中，让孩子加深对艺术家和艺术作品的理解，对激发艺术创作的兴趣、增加获取知识的主动性起到促进作用。

### 3. 立足地域优势，策划品牌展览

对于美术馆而言，藏品是立馆之本，以藏品为媒介开展研究、展

示与教育活动,是美术馆的重要职能。福建省拓福美术馆举办"亚洲漆艺展",以地域文化为切入点,对特色文脉进行梳理和再开发。展览推出后,很多大中小学生前来参观,为学生了解漆在"海上丝绸之路"的影响及相关文化提供了直观的学习平台。在开展美术馆审美教育的过程中,专业的艺术讲解员应根据不同年龄群体设计不同的讲解话术,进一步提升大众对自身审美能力和艺术修养。

### (三)公共美育活动设计依托的理念

#### 1. 发扬传统文化优势,从"非遗"入手研究特色美育活动

通过文献研究发现,当前我国有关通过中小学美术课程传承"非遗"的研究中存在如下问题:缺乏对"非遗"进入中小学美术课程价值的深思,缺乏从理论层面对美术课程资源开发和利用途径的追问,使"非遗"引入学校美术教育的讨论停留在实践尝试的层面。由于美术课程资源和"非遗"这两方面的研究均备受关注,我国"美术课程资源"的研究从兴起至今一直关注地方文化、民间美术、民间美术文化等领域的话题。从美术课程和"非遗"传承两个角度,以及课程资源系统理论分析"非遗"进入美术课程资源系统所存在的可能性。在美术课程资源的理论研究基础上,设计以"非遗"传承为目的的美术课程资源系统,探讨"非遗"作为潜在的美术课程资源,探索其进入美术课程资源系统的转化原因和实现路径。

#### 2. 传统美育学科基础上注重跨学科融合

跨学科融合,实行学科融合理念下的美育渗透,注重以学生审美体验为导向。课堂教学和艺术有着许多相通之处,艺术素养的提升不应仅仅局限于艺术类课程,它还应该通过与非艺术课程的融合来实现。不同的学科有不同的审美对象、内容,不仅能培养学生不同的审美能力和艺术认知、陶冶学生的情趣,具有艺术形式的教学方法还能改变

平铺直叙、死记硬背的传统教学模式，展现课堂教学的极大魅力，强烈地吸引学生的注意力和情感投入。

福州是漆艺之都，漆艺作为非物质文化遗产之一，是重要的文化符号。为更好践行落实社会主义核心价值观，"大美不言——亚洲现代漆器之美"公共美育课程设计，引领学生深入了解中华传统文化，厚植爱国热情，不断探寻美育课程与非遗文化的契合点。

## 二、实施过程及活动内容

### （一）阶段一：预期成果

基本问题：大漆艺术在高速发展的现代社会还有存在的意义和价值吗？

小问题：

你的生活中是否有漆器生活用品？（主题）

漆艺术品的魅力体现在哪里？（欣赏）

漆工艺有百样技法，如何体现实用美和形式美？（技法）

传统漆器如何与当代审美融合？（构思）

如何使漆器更好地融入现代生活？（创作与展评）

概念与术语：非遗漆器、文化气质、实用性、审美性、礼器。

学科领域：历史、美术、手工艺、设计、社会实践。

1. 主题设计思路：**教学分析**

**（1）教学内容分析**

漆艺术是以天然大漆为主要材料进行艺术创作的艺术门类。由于漆树生长受地理位置、天气气候等自然环境因素的影响，产量少。也正是由于得天独厚的地理条件，中国成为漆种植、生漆研炼的大国。漆艺术品主要包括漆器、漆画、漆塑等。纵观工艺美术史，工艺生活品出现就是由于造物者追求生活品质而产生的。通过大漆艺术的鉴赏、制作与现代生活的创意融合实践，使学生明确学习大漆艺术的重要意义。本方案尝试跨学科教学与视觉文化研究，融合多种学习活动类型，通过艺术实践提升思维高度，通过主题式项目化教学落实美术五大核心素养。

以"大美不言——亚洲现代漆器之美"为题的特色教学案例设计，以福建省拓福美术馆典藏漆器技艺之美分析为切入点，让学生观摩亚洲各国代表性漆艺术家作品，了解中国漆器的传播和对世界各地漆文化的影响，亚洲各国漆器的民族性和文化性。选择一样工艺进行漆器制作，提升学生对漆工艺的认知，从而提升艺术创造性，提供帮助学生了解地域历史与文化的途径，引导学生在广泛的文化情境中达成非遗文化理解和创新。

**（2）学情分析**

福建省拓福美术馆是亚洲漆器典藏重要美术馆，漆艺术藏品具有审美高度和传播广度。此次公共美育授课对象是七年级学生，他们在美术课中了解过彩陶、青花瓷等古代器皿的基本特点，对中国传统器皿造型结构与纹饰等有基本的美术基础储备，想象力丰富，动手能力强，具备较好的自主研究与合作学习的能力。他们身处漆艺之都——福州，耳濡目染，对本区域历史文化背景有一定的了解。非遗手工艺品曾经在生活中大量使用，因未能与时俱进，目前日渐式微。文化复兴倡导中国生活美学方式，非遗创新性应用是实现中国生活方式有效载体之一。因此，开展非遗公共美育课程可以提升学生的评述能力的创造能力。

**（3）教学思路**

围绕基本问题"大漆艺术在高速发展的现代社会还有存在的意义和价值吗？"，展开"美"（主题）、感知"美"（欣赏）、体悟"美"（技法）、构思"美"、传承"美"(创作与展评)等环节,以真实性学习任务引导学生自主探究学习。

**(4)国家标准**

《义务教育艺术新课程标准(2022年版)》将艺术课程要培养的核心素养聚焦于审美认知、艺术表现、创意实践、文化理解四个方面,着力构建核心素养和课程之间的内在联系。开展大观念引导下的教学、单元整体教学、任务式学习、项目化学习、跨学科学习等教学方式的变革与探究。在"美术鉴赏"模块中提出:综合运用不同的学习媒介、学习方式,丰富美术鉴赏教学的过程。理解中华优秀传统文化和民间非遗美术的材料之美,艺术语言及文化内涵,并将其综合运用于鉴赏过程之中。能利用传统和现代的媒介、工具与方法,通过想象进行有创意的设计活动。在实践过程中,能与同学交流自己的设计理念和艺术表达。(图1)

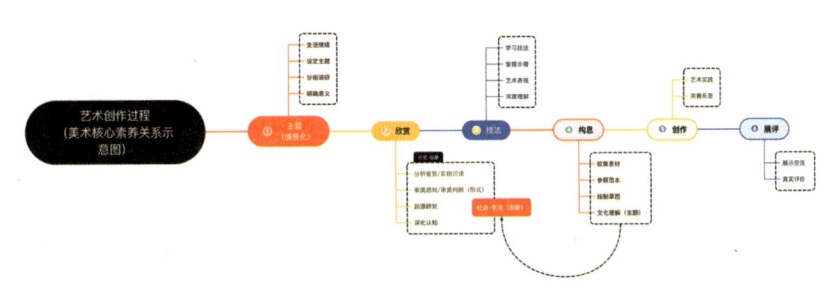

图1 核心素养艺术创作关系

### 2.教学目标

**(1)知识与技能**

观摩福建省拓福美术馆典藏亚洲各国漆器,了解各国漆器的造型、色彩、图案、髹饰等特征及地域性渊源，理解其造型意识和文化追寻。尝试实践漆工艺，理解漆的化学属性与材料的实用性，及其在寓意、色彩、技法、情感等四个方面的表现。能够运用多种漆材料和技法，创造符合现代审美的漆艺术品。

**（2）过程与方法**

在创作漆器的过程中，熟悉掌握漆材料制作、漆工艺表现、漆艺术的完整表达，选择自己感兴趣的漆工艺：镶嵌、莳绘、变涂等，尝试创作符合当代审美的漆艺术品。

**（3）情感态度与价值观**

能从文化角度简单分析中国漆文化对外传播的影响，亚洲各国传承漆艺特点及文化内涵，尊重并理解本土文化遗迹和传统工艺。了解传统手工艺制作的艺术语言，体验像手工艺人一样专注地制作，养成勤于观察、精于制作的学习习惯，增强以设计和工艺改善生活的意识，在艺术创作中感受"天有时，地有气，材有美，工有巧，合此四者，然后可以为良"的深刻内涵。收获成就感和自信心。

**3. 教学重点与难点**

**（1）教学重点**

目前国内漆器多数是后清代风格，主要是明清漆器的翻复，器物髹饰纹样司空见惯，以龙、凤及传统吉祥图案、神话传说为多。导致诸多漆器难与现代装饰风格相吻合，不被现代主流消费人群所认可。在亚洲漆器鉴赏中，提炼出符合当代审美风格的漆艺术品，表现形式既有浓厚民族特点的元素，工艺精湛；亦有简洁、明快的装饰图案，反映时代特征。将具有设计性极强、简约的装饰图案运用到器物上，使其具有时代特色，受到大众的喜爱。（图2）

大美不言——亚洲现代漆艺之美

图2　扬州漆器厂座屏

**（2）教学难点**

中国大漆千年不腐，为后人留下众多的文化遗迹和大量文献考证。在体验漆器设计的过程中，表达对亚洲现代漆艺术的概况了解，引发学生对文化、历史、艺术多角度的学习与思考。

**4. 教材准备**

**（1）学校课程设置**

初期介绍天然大漆的采割，提炼，天然漆与桐油的配比，研磨色漆等，以及漆艺相关材料，学生亲自制作需要试用的工具和材料。在熟悉漆材料后，通过木料、石膏、苯板和麻布等材料制作三维立体或二维的漆器，激发学生立体思维能力。所谓"工欲善其事，必先利其器"的教诲。（图3）

图3  漆艺工具

**（2）漆艺基础课程**

漆艺基础课程分为形制绘图成稿、漆器底胎制作及漆器面上髹涂等技法来授课。理论必修课是对漆艺史的选读，包括亚洲各地区的漆艺交流史，中国、韩国、日本等国的漆艺史、工艺美术史等史论课程。艺术实践考察课，讲述漆历史，关于文化遗产的保护收藏、整理分析、调查研究、审美鉴定等讲解；漆材料方面，学校会邀请资深高分子化学专家为漆艺学生授课，分析漆液中所含的化学成分，使学生们直接了解大漆材料的成分，从而知道如何使用。（图4）

图4  大漆碗制作流程展示

## (二)阶段二：评估标准

**表1　总评估表**

|  | 主题 | 欣赏 | 技法 | 构思 | 创作 | 展评 |
|---|---|---|---|---|---|---|
| 主要环节 | 生活情境<br>设定主题<br>分组调研<br>明确意义 | 分析鉴赏<br>审美感知<br>起源研究<br>深化认知 | 学习技法<br>掌握步骤<br>艺术表现<br>深度理解 | 收集素材<br>参照范本<br>绘制草图<br>文化理解<br>（主题） | 艺术实践<br>完善反思 | 展示交流<br>真实评价 |
| 评价对象 | 学习单 | 学习单 | 学习单+<br>技法板练习 | 创作草图 | 漆器完成 | 展示宣发<br>与测评 |
| 权重（%） | 10 | 10 | 20 | 15 | 25 | 20 |

## (三)阶段三：学习计划

### 1. 教学过程

**主题：走进福建省拓福美术馆感受亚洲漆器在生活中的应用——趣味导入：初识亚洲现代漆艺之美（1课时）**

小问题：你最喜欢的一件漆器？

学习目标：通过"走进拓福美术馆"这个有温度的真实情境中，感受中国、日本、韩国、越南等亚洲各国漆器鲜明的特点，以此引出大漆茶器制作主题。根据课前对福州市场大漆的调研，明确传承民间艺术的深远意义、技法深入学习的意愿并明确主题单元学习任务。（图5、图6、图7）

图5　漆茶杯 　　　　图6　漆茶杯 　　　　图7　漆茶则

教学工具：放大镜、学习单。

教师活动提出问题：你喜欢的漆器是什么？分发学习单。（表2、表3、表4、表5、表7）

表2　学习单1

| 你最喜欢的漆器 ||
| --- | --- |
| 国家 | |
| 制作者 | |
| 漆工艺、材料 | |
| 画一画外观 | |
| 用途 | |
| 这是一件有价值的作品吗？ | |
| 你喜欢吗？为什么？ | |

学生活动：寻找拓福美术馆最喜欢的漆器并完成学习单1。

实地学习：根据学习的内容整理亚洲各国漆器的特点及形态特征，通过专业老师授课，了解各国漆艺传承情况，完成学习单2。

表3　学习单2

| 调查拓福美术馆典藏亚洲代表性漆艺作品，记录其特色与性质，了解社会变迁中的现状 ||||||||||
|---|---|---|---|---|---|---|---|---|---|
| 国家 | 地区 | 门类 | 形式 | 材质 | 功能 | 制作技法 | 造型特点 | 遗存状况 | 传承人 |
|  |  |  |  |  |  |  |  |  |  |

**欣赏：探究亚洲现代漆艺之美：细观漆器探究漆器纹饰之美（1课时）**

小问题：大漆语言体现在哪些方面？

学习目标：了解漆器的地域性渊源，理解其背后所蕴含的对美好生活的追求和向往。

教学工具：笔、学习单。

教师活动：

（1）设置情境，组织学生交流参观完亚洲漆器实物后的理解。

（2）用PPT课件展示不同地域代表性漆器的造型特点、材质、工艺、技法解读，引导学生思考材料与地域的关系。

（3）下发学习单3，组织学生根据观察到的漆器原始图案纹样，来绘制漆器纹样的造型特点。

学生活动：分组讨论并完成学习单3，小组总结成果：漆器造型意识来源于对自然的模仿和信仰。

表4　学习单3

| 漆器技法纹样 ||
|---|---|
| 你观察到的作品名册 |  |
| 漆器技法纹样（画一画） |  |
| 何种漆工艺、材料？ |  |
| 为什么？ |  |
| 你怎么理解纹样的内涵？ |  |

图8　（中国）黄时中《梅花》

图9　（中国）林源《四方瓶》

图10　（日本）组桥干史《茶箱扇形莳绘》

图11　（日本）轮岛太王漆器

图12　（日本）西村毅《栗鼠葡萄洋柜形饰箱》

图13　（韩国）宣在花《TABLE WARE》

图14 （越南）阮成章《我的童年》　　图15 （缅甸）U BA NYEIN《FLOWERS》

**技法：解读漆器技艺 —— 感受漆语言之美（1课时）**

小问题：漆器是如何体现实用性和审美性的?

学习目标：通过 PPT 详细介绍技法和学生自己描绘喜欢的漆器纹样，理解工艺的材料美、技艺美，通过研究学习理解形式美。

教学工具：手绘笔、学习单。

教师活动：

（1）实际操作，漆材料的使用和技法传授，让学生感受漆材料的工艺之美。

（2）组织分组：将拓福美术馆典藏亚洲漆器代表性作品按照漆工艺进行分类，完成学习单4。

学生活动：

（1）学习漆工艺，了解漆器制作流程。

（2）根据学习单4完成漆技法分类：镶嵌（蛋壳、螺钿）、雕漆（剔红、剔黑、剔彩）、描绘（描金、高莳绘、低莳绘）、戗金（沉金）、变涂（津轻涂等14种）、素髹。

表5　学习单4

| 漆技法 | 步骤 |
|---|---|
| 镶嵌（蛋壳、螺钿、百宝嵌） |  |
| 雕漆（剔红、剔黑、剔彩） |  |
| 描绘（描金、高莳绘、低莳绘、彩绘） |  |
| 雕填（款彩） |  |
| 变涂（津轻涂等14种） |  |
| 戗金（沉金） |  |
| 素髹 |  |

**构思：现代漆器设计 —— 表现漆艺术与设计之美（1课时）**

小问题：如何创作出符合当代审美的漆生活用品？

学习目标：通过参观拓福美术馆典藏亚洲漆器，收集亚洲各地漆艺特点和形式内容等素材，根据自身情况实际画出创作草图并进行改进。完成现代漆器茶杯设计草图。

教学工具：手绘笔、速写纸。

教师活动：

（1）播放一段现代漆器制作流程和现代表现手法的视频，带领学生分析现代审美理念。

（2）赏析实用漆器的优秀案例，分析漆在图案、材料、工艺等方面给现代漆器设计的启发。

（3）深入赏析解读亚洲优秀漆器在生活中的应用，小结：胎体多样、造型多变，使用综合漆材料，与现代审美元素结合应用。

（4）根据学生自身情况，进行现代漆茶杯设计，课堂绘制草图并进行设计可行性分析，写出创作意图。

（5）小组交流设计图，评价优点和提出改进方案，发放评估表5。

表6　评估表5

| "借鉴经典"自我评价 |||||| 
|---|---|---|---|---|---|
| 对本次学习任务进行自我评价，分值1—5分，根据自己的表现在适当的位置打"√" ||||||
| 评价内容 | 1 | 2 | 3 | 4 | 5 |
| 能够感受现代审美理念 | | | | | |
| 能够分析现代优秀设计案例、材料、工艺等方面给漆器设计的启发 | | | | | |
| 能够和小组同学分工合作，收集国外民间艺术在现代生活中的应用形式 | | | | | |
| 草图创作是否深入，是否有自己的见解和观点 | | | | | |
| 是否与小组成员讨论，对草图进行反思、讨论和评价 | | | | | |
| 得分 | | | | | |
| 谈谈在"借鉴经典"活动过程中，你的思考路径和感受： ||||||

学生活动：

（1）感受中式美学因地制宜、就地取材的造物之美。

193

（2）以现代国内外优秀艺术设计案例为引导，收集漆器在现代生活中的应用形式和要素，如工艺、图案、色彩等，小组讨论如何"借鉴经典"元素，构思草图方案并发言。

（3）完成评估表5的填写和草图设计，小组合作分析现代设计对漆器造型的髹饰应用，对其和现代设计结合的要素进行分析和挖掘。

**创作与展示：漆器制作（6课时）**

小问题：如何使漆器更好地融入生活中？

学习目标：制定创作计划，创造性地运用多种形式、材料和技法，创作一件能融入现代生活、具有中国文化底蕴的漆器作品，表达自己的想法。

教学工具：大漆材料。

教师活动：

（1）由于大漆茶杯过程繁缛，大漆干燥需要恒温恒湿的环境，从绘制、髹涂、打磨、抛光需要较长制作周期。

（2）完成现代大漆茶杯制作。提出创作要求，完成学习单5。

（3）指导小组完成打磨、抛光，展陈和宣传计划。

表7　学习单5

| 现代大漆茶杯设计创作 ||
|---|---|
| 学习任务 | 准备材料，自主创作；制订创作计划，创造性地运用多种形式、材料和技法，创作现代漆器茶杯作品，表达自己的设计理念。 |
| 作品名称 | 选用材料 |
| 现代大漆茶杯完成拍照 | 意义表达：通过这件作品你想要表达现代漆器什么特点？这件作品表达了你什么样的情感？请用文字描述你的创作思路。 |

**课后拓展 —— 畅谈现代漆艺的传承与发展（2课时）**

组织学生去各地实地考察，参观展览，学生开阔眼界，构建平台；并学习扎实理论知识和设计基础，提出新颖的创作构思理念，掌握娴熟的漆工艺技巧，学以致用，创作出符合当代审美情趣的漆艺作品。

在现代化的文化语境中，了解工匠群体所创区域文化的聚集区和工匠文化精神。人类自造物以来，便逐渐形成了手作系统，并服务于人类，这无不体现区域性的工匠文化。现在社会所提倡的工匠精神是工匠文化体系中的核心文化。人类作为造物主，与工匠文化是息息相关的。人类的生命起源中，起到基础作用的是物质文化，作为客观物质文化的造物体现，在人类生存和发展中是必不可缺的。

## 三、策划案的亮点及创新点

### （一）美术跨学科学习概述

#### 1. 跨学科学习

跨学科学习是整合两种或两种以上学科的观念、方法与思维方式以解决真实问题、产生跨学科理解的课程与教学取向。目前，跨学科学习主要有 STEAM 课程、基于问题的学习（problem-based learning）、基于项目的学习（project-based learning）、超学科学习等。跨学科有以下两个特色：

一是以跨学科理解为目的。在现实的学习情境中，当单一学科无法解决某一问题时，需要运用两种或两种以上学科的观念与方案解决它，并由此产生新的观点与理解 —— 跨学科理解。

二是根植于学科思维。跨学科理解与学科思维互为前提、相辅相成。需要具有跨学科思维和理解，才能不断深化对一门学科的理解。需要根植于学科思维，运用相关学科的观念与方法，跨学科理解才能产生并持续发展。跨学科学习强调学科思维的充分理解与应用，让学生具备深度思考的思维方式和能力，是检验跨学科学习质量的标准。

2. 工艺与设计的跨学科属性

传统工艺与设计的发展则与生活技术水平、科技发展研究成果直接相关。传统工艺与现代设计更会敏锐地融合新材料、新想法、新设备等，会受到不同的设计理念、社会思潮、生活主流文化等因素影响。学生了解传统工艺的制作和艺术魅力，体验像手艺人一样地专注制作，养成勤于观察、精于制作的学习习惯，增强设计和工艺改善生活的意识，在创作中感受从无到有的过程。

### （二）跨学科美术教学概述

1. 跨学科美术教学的综合方式

"大美不言——亚洲现代漆器之美"美术馆公共美育策划方案，以"文化理解"为切入点，以"工艺美术制作"为载体，开发系列"大美不言——漆艺课程"。以培养学生核心素养为目标，以提升学生美术鉴赏与工艺美术创作能力为内容，传承优秀传统文化，尊重学生个性发展，拓宽美术视野，激发艺术创作潜能，提升美术素养。

《普通高中美术课程标准（2017年版）》中也提到"跨学科"的概念。例如：在基本理念中提出"学会用美术及跨学科的方式解决学习、生活中的问题"，在课程目标中提出"综合运用美术学科及跨学科知识与技能解决问题"。在美术鉴赏中要求"了解现当代艺术的创作观念、创作手法和代表作品"。比如："大美不言——亚洲现代漆器之美"，先参观拓福美术馆典藏丰富多样的亚洲各国漆艺术作品，根据学生自己的兴趣爱好选择适合的漆工艺手法来表达大漆茶器。先手绘设计图，创意设计茶器的造型、结构、装饰图案，再用漆材料完成表面髹饰效果，这一美术活动既有设计又有绘画和漆工艺制作，是工艺美术跨学科的综合课程。

### 2. 跨学科美术的教学特点

一是综合性。学生所处的生活学习环境本身是综合的整体。跨学科美术教学的宗旨体现了个人、社会、自然的内在关联，而公共美育促进学生创造性的发展，使个体生命充满活力。

二是开放性。课程目标的开放性面向每个学生的个性发展。课程内容的开发性，内容来自学生自己的感性世界，对工艺与设计的融合、设计与生活的融合不断思考，将跨学科之间产生新的理解和思考融入美育的学习和生活中。关注学生生活过程中丰富多彩的体验和创造、传统文化的理解和认知、质疑和探究，具有多元性的综合评述。

三是实践性。跨学科美术课资源的开发主要以学生的现实生活和社会实践为基础，强调学生在"做中学""用中学""创中学"，在活动中发现和解决问题，体验和感受生活，发展实践和创造能力。

四是自主性。"大美不言 —— 亚洲现代漆器之美"主题选自与福州本地区相关的地域文化，使学生更能真切感受社会生活，观察和了解地方工艺美术的发展对生活的影响。课程开发更具有开放性和自主性，使学生更加灵活创造自己感兴趣的漆艺术品。学生可以自愿参与、主动探索、自主建构、自由想象、积极创作和大胆表现的过程。

## （三）非遗跨学科美术特色教学

### 1. "非遗"蕴含的美术课程知识资源要素

文化和旅游部对国家非物质文化遗产传承人有着严格的申报标准。他们必须传承和掌握"非遗"的技巧，了解"非遗"的文化内涵、历史发展脉络和行业规范等。传承人作为"非遗"的重要载体，是美术课程重要的人力资源。通过邀请传承人进入公共美育课堂是"大美不言 —— 亚洲现代漆器之美"活动的特色之一。学生和"非遗"传承人可以面对面学习和交流，体验口口相传的技艺秘籍，从而加深对"非遗"技艺的认知和思考。

### 2. 认识非遗对美术课程的意义

联合国教科文组织统计数据显示，我国是世界上"非遗"入选项目最多的国家，我国几乎每个省份、城市都有自己的特色"非遗"。对于学生而言，"非遗"是最容易接触和尝试的文化资源。学生身处于"非遗"之中，将之引入公共美育中，比远离学生生活的文化更容易被理解和接受。"大美不言——亚洲现代漆器之美"课程设计中，将"非遗—大漆"这种文化资源引入公共美育特色课程中，更容易引起学生的共鸣，对激发学生的学习兴趣、增强学生的学习动机更有特殊效果。

### 3."非遗"公共美育课程知识列举

作为课程资源进入美术课程中，将会扩大美术学科与其他学科的内在联动。将"非遗"引入美术课程，有助于开发"综合·探索"学习活动领域的内容，引导学生进行综合性和探索性学习，培养学生综合立体思维和实践探索的能力。将"非遗—漆器"的美术知识列举，进一步获得美术课程资源素材并进行细化和整理，使之与美术课程建立具体的联系。

### 4."非遗"的丰富性有利于扩充美术课程资源的容量

"大美不言——亚洲现代漆器之美"策划方案中，将漆艺与陶瓷、金工、木工、竹艺刷等工艺结合，创作表现形式多元化的作品。学生通过了解大漆的特性，熟悉其他工艺。例如陶瓷、金属、木工、玻璃等材料的工艺，与漆更好地结合，去创新出符合当代审美的作品。更应思考怎样将非物质文化遗产福州脱胎技艺传承并弘扬；怎样创新产品，学习前人之钻研精神，打造漆文化艺术精品；怎样努力诠释工匠精神。

表8

| 单元 | 内容 |
|---|---|
| 事实性知识 | 什么是"大漆"？<br>什么是"漆器"？<br>什么是"中国漆艺"？<br>什么是"福州脱胎漆器"？<br>什么是"变涂"？<br>什么是"买椟还珠"？ |
| 概念性知识 | 福州脱胎漆器中的造型、色彩、髹饰图案、实用功能 |
| 程序性知识 | 如何制作大漆材料？<br>如何制作漆器脱胎？<br>如何制作传统脱胎技艺？<br>如何制作现代脱胎技艺？<br>如何研磨色漆？<br>如何在漆器上做髹饰图案？<br>如何区分漆的阴干？<br>如何解释髹漆图案的寓意？ |
| 元认知知识 | 我知道在制作福州脱胎漆器时，需要懂得胎体制作的知识。<br>我知道制作脱胎漆器时，需要懂得大漆材料的制作。<br>我知道现代脱胎漆器制作时，需要"精加工细致做"的态度。<br>我知道漆器制作时需要阴干，温度和湿度均衡下才会干。<br>我知道福州脱胎漆器常见的内容有漆家具、漆茶具、漆文具、漆花器、漆香器，髹饰图案有历史人物、草木花卉、仕女诸神、花鸟鱼虫等各个方面。<br>我知道传统脱胎漆器制作可以批量生产，使福州脱胎漆器制作成本降低，能够满足市场的需求。<br>我知道民间艺人制作福州脱胎漆器的工具都是自己制作的，"工欲善其事，必先利其器。" |

## （四）美术馆开展非遗公共美育活动

多元教育体系以"学以致用、艺术生活化"为原则，重视漆器在生活中的广泛应用，提高社会对漆器认知度和普及度较高。（图16）

图16　展览海报

　　福建省拓福美术馆举办"亚洲漆艺展",集中展示了亚洲各国代表性漆艺术作品。

　　展览期间举办多场"非遗—大漆"公共美育活动。福州重点中学屏东中学七年级学生通过"大美不言——亚洲现代漆器之美"主题,通过大漆茶器制作,丰富了对传统文化的认知,对大漆的传承有了更深的认知,并完成了诸多优秀学生作品。(图17、图18、图19、图20)

图17　展览现场

图18 　　　　　　　　图19 　　　　　　　　图20

## 四、推广价值及专家评价

### (一)"FFPMT"场馆式学习模式——充分挖掘美术馆的教育价值

美术馆主要的教学方式是基于现场和基于问题的教学。学生在真实的场景中,围绕问题开展研究、动手操作和实践,然后解决问题。福建省拓福美术馆正在尝试"FFPMT"模式,组织学生开展基于现场的主题研究。

第一环节:设计整体(Frame it)。学生设计问题:如何提高大众对中国传统文化的重新认知?学生在主题探究开展前必须清楚为什么选择此研究主题,他们必须知道需要从哪里做切入点。倾听学生的想法在设计中至关重要。

此环节设计思路和依据是学生想要解决什么问题,能够利用的优势和资源是哪些,考虑如何实施,再通过思维导图展示所知道的传统文化知识,在所选择的问题中确定需要向哪些人寻求帮助。

第二环节:探究和寻找(Find it)。学生参观福建省美术馆、福建省博物馆、福建省民俗文化馆、福建省拓福美术馆了解区域文化,在博物馆中寻找地区文化对人们生活的影响。到中国工艺美术大师工坊中近距离和非遗传承人请教技艺知识。调查本地人们对中国传统文化的了解状况，网上查找资料挖掘传统工艺对世界文化的传播和影响。

此设计思路和依据是在真实世界中探索，让学生在生活中感受"非遗"的影响，访谈对象，从多种路径收集知识。

第三环节：执行和制订计划（Play and plan it）。学生学习和体验，从第二个环节中学习和获得启示。交流各自的观点、想法和收获。选出更好的观点去证明或阐述问题。

此设计思路主要让学生通过对"非遗"文化的了解，探索相关联的知识，做到跨学科整合学习资源，形成深度思考的模式和解决问题的程序。

第四环节：动手实践（Make it）。学生分组活动，完善方法和制定方案，选择可实施的想法和创意。各自设计不同的操作案例，阐述完成大漆作品的过程、实施办法和应用场景。

此设计思路从第三个环节中确定动手实践的可行性方案，然后实施操作，并且阐述设计说明、创作缘由和作品背后的文化属性。

第五环节：尝试（Try it）。学生完成作品，拓福美术馆提供场地，学生可以将完成的作品展示和评述，邀请家人和朋友来参观互动，从中获得反馈。将好的成果可以再设计，再实践，不断完善。

此设计思路是向他人展示，经过实践完成作品，做好展示和互动环节，确保想法和创意得到大家的点评，有改进的空间和余地。

此次"大美不言——亚洲现代漆器之美"公共美育课程学习中，学生充分利用美术馆、社会公共资源、网络，开展调查和研究，形成基于讨论分享、尝试实践的问题解决方案，并付诸实践。培养学生提出和解决问题的能力，跨学科整合学习资源的能力以及与他人协作的能力。超越教科书知识的现场教学，培养学生应对充满不确定性和多变世界的能力。美术馆教学主题研究从学生接触美育课程初期便正向强化他们对自然和世界的好奇心。提升他们的生活连接能力。能够敏锐地感知外在世界，努力找准自己的定位。这才是美术馆学习的独特价值。

### （二）促进传统文化复兴

国家对包括漆艺在内的传统工艺高度重视，出台了《中华人民共和国非物质文化遗产法》和一系列对传统工艺的保护和扶持政策。福建省拓福美术馆通过漆艺教育的不断完善和渗透，扩大社会大众对漆艺的认知度，了解漆艺的辉煌历史，提高民族自信。通过漆艺传承与发展，促进中国传统文化的复兴。中国发展漆艺产业应以"民族的才是世界的"为指导思想，漆艺需要具有中国特色、中国元素，体现中国人文精神，形成健康的基层非遗生态。

### （三）专家评价

芦松敏的"大美不言——亚洲现代漆器之美"主题策划案，通过福建省拓福美术馆典藏的丰富的亚洲现代漆器，带学生在美术馆现实场景中学习和探索。根据大单元设计理念，以"非遗——大漆茶器制作"为主题开展公共美育教学实践工作。本案例学习任务为引导学生探究如何将传统元素与当代审美融合，设计出有创意的当代大漆茶器作品。芦松敏案例设计中，通过对亚洲各地现代漆艺作品的剖析和阐述，结合中式美学，借鉴日本、韩国等工业设计结构美，并通过每个小单元的基础问题，引导学生深入思考。同时设置有效的学习单落实真实性学习任务，以此驱动跨学科教学目标的达成。亮点体现在问题设置中注入人文情感、家国情怀，例如：在欣赏小单元带领学生理解中国漆艺背后的人文内涵，福州作为漆艺之都的落实地位。从礼器演变成生活用品，漆器应用在生活的方方面面中。

从中国漆艺对亚洲各国的传播及影响，引申到公共美育非遗课程的必要性和重要性，使课题有深度、有温度。同时评价量表设计合理，教学思路清晰，学生作业具有创新意识，有效激发了学生的想象力，促进个性化发展。

# 以关怀为名
## ——"汇·公共美育"策划方案

李 菲*

## 一、策划理念

### (一)关于广汇美术馆及公共教育概况

广汇美术馆位于四川天府新区,于2019年正式注册成为民办非企业单位。美术馆总建筑面积71840.2平方米,其规模在全国民营艺术机构中占据首位,也是全球唯一以中国近代水墨为主要收藏体系的大型美术馆。广汇美术馆馆体由美国OLI建筑设计事务所设计师林兵(贝聿铭弟子)设计,理念源自中国水墨之意境气韵,以超大跨度巨型钢桁结构架设"漂浮的盒子",将东方美学精神中的"山水""升腾"等元素倾注于这座现代主义建筑当中。作为国内鲜有的先有馆藏后建馆的民营美术馆,广汇美术馆目前已搭建了国内首屈一指的中国近现代水墨艺术收藏体系,收藏吴昌硕、齐白石、黄宾虹、徐悲鸿、潘天寿、张大千、林风眠、傅抱石、李可染、石鲁、吴冠中等大师巨擘作品500余幅,兼具极高的收藏价值和学术价值。

广汇美术馆依托丰富的馆藏作品、多样化的艺术资源和高品质的艺

---

* 广汇美术馆公教部副主任,西南财经大学艺术与传媒学院讲师。

术空间，长期为公众提供富有前瞻性的、贴合国家对素质教育要求的、广大市民喜闻乐见的公共美育活动。目前，美术馆公共教育活动主要以"汇·系列"为主线，开辟了汇·玩儿、汇·画儿、汇·客厅、汇·交流等板块内容。项目活动搭建以平台性质为核心，联动学校、社区、机构、艺术家、心理学家、医院等多方开展公教项目共创。（图1）

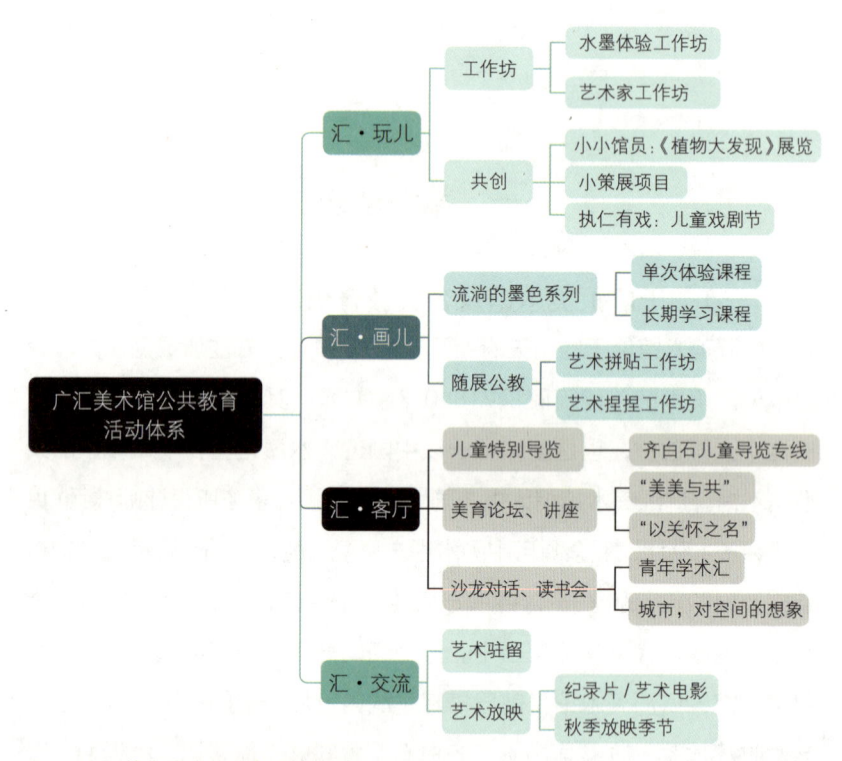

```
广汇美术馆公共教育活动体系
├─ 汇·玩儿
│   ├─ 工作坊
│   │   ├─ 水墨体验工作坊
│   │   └─ 艺术家工作坊
│   └─ 共创
│       ├─ 小小馆员：《植物大发现》展览
│       ├─ 小策展项目
│       └─ 执仁有戏：儿童戏剧节
├─ 汇·画儿
│   ├─ 流淌的墨色系列
│   │   ├─ 单次体验课程
│   │   └─ 长期学习课程
│   └─ 随展公教
│       ├─ 艺术拼贴工作坊
│       └─ 艺术捏捏工作坊
├─ 汇·客厅
│   ├─ 儿童特别导览
│   │   └─ 齐白石儿童导览专线
│   ├─ 美育论坛、讲座
│   │   ├─ "美美与共"
│   │   └─ "以关怀之名"
│   └─ 沙龙对话、读书会
│       ├─ 青年学术汇
│       └─ 城市，对空间的想象
└─ 汇·交流
    ├─ 艺术驻留
    └─ 艺术放映
        ├─ 纪录片/艺术电影
        └─ 秋季放映季节
```

图1　广汇美术馆公共教育活动体系

### （二）待解决的公共美育问题

近年来，成都市推进"三城三都"建设，其艺术生态显著扩张与发展。据不完全统计，美术馆、画廊、私人美术馆等艺术空间已经超过了200家。这个数字表明艺术空间在成都市的数量和质量都在持续

增长。这种发展并非偶然，而是由于成都市对文化事业的重视，以及对艺术发展的鼓励和支持。同时，市民对艺术的热爱和需求也推动了艺术空间的涌现。美术馆作为艺术生态的重要组成部分，其公共教育职能也在不断翻新和多样化。这不仅体现在教育活动的种类和形式上，更体现在其教育内容的深度和广度上。美术馆不再是单纯的艺术品的展示场所，而是成为一个集展览、教育、研究于一体的综合性艺术机构。在这个过程中，美术馆的角色也在发生变化，从原先的单纯展示者变成了艺术的推广者、教育者和研究者。

成都市的艺术空间数量和公共教育的多样性都在快速发展，这种变化为成都市营造了一个更加活跃和丰富的艺术环境，也为市民提供了更多接触和理解艺术的机会。同时，一些问题也逐渐浮出水面。

一是受众局限。目前，美术馆公共教育往往仅辐射特定的人群，如学生、教师、艺术爱好者、艺术同行等，而没有覆盖到更广泛的社会群体。这导致公共教育的覆盖范围有限，无法满足不同受众的需求。公共教育变成了部分群体的公教，其公共性并未扩散开来。

二是教育方式单一。美术馆公共教育以展览解说、讲座等形式为主，缺乏互动性和参与性，无法满足不同受众的需求。这种单一的教育方式容易使受众感到枯燥乏味，缺乏吸引力。

三是缺乏评估机制。美术馆公共教育缺乏系统的评估机制，无法获取对教育效果的准确反馈，难以及时改进和优化教育活动。这使得公共教育的效果难以保证，也容易造成资源的浪费。

四是专职人员与经费的短缺。尽管公共教育的重要性已为各个美术馆所认识和重视，但真正设立公教部门或者说公共教育专员的比例不高，且专业化程度有待提高。既缺少专职的公教人员配备，也缺乏专项的公教活动经费，是目前部分美术馆的现状。（图2）

```
         受众局限
公共教育发展痛点   教育方式单一
         缺乏评估机制
         专职人员与经费的短缺
```

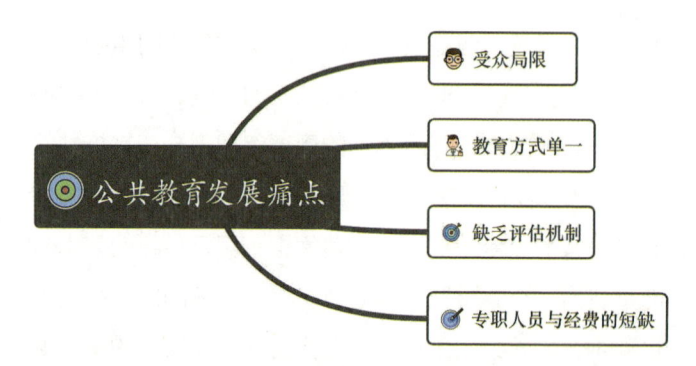

图2　目前成都美术馆公共教育发展痛点

### （三）公共美育活动设计依托的理念

为了解决上述问题，广汇美术馆积极拓展教育资源，扩大公共教育的覆盖面，创新教育方式，建立评估机制，加强专职人员的配备和经费的投入。同时邀约社会各界支持和参与，共同推动美术馆公共教育的发展。因此，"以关怀为名——汇•公共美育"系列活动应运而生。活动以关怀为主线，联动学校、社区、家庭、艺术机构、心理医生、高校等平台共创，积极开展公共美育活动。通过多元化的教育方式和活动形式传递艺术的力量和温暖，从而提升公众的美育素养和人文情感，促进社会的和谐与进步。

"以关怀为名——汇•公共美育"系列活动关怀涵盖三个方面：对儿童的关怀、对老年群体的关怀、对障碍群体的关怀。

首先，对儿童的关怀是广汇美术馆公共美育活动的重要内容之一。儿童是未来的希望，美术馆通过开展小小馆员项目、儿童友好型展览、互动式教育活动等，为儿童提供一个充满趣味和想象力的艺术空间，培养他们的审美能力和创造力。

其次，美术馆作为公共文化机构，应该关注包括老年人在内的所有社会群体。通过为老年人提供更好的文化服务，可以促进社会的包容和多元化发展。美术馆通过为老年人提供导览服务、讲座等形式，向他们传递文化艺术知识，可以帮助他们保持身心健康，增强生活信心和幸福感。

最后，对障碍群体的关怀也是广汇美术馆关注的重点。美术馆通过无障碍设施的改造、提供导览服务、专门的艺术疗愈活动等方式，让不同群体也能够便捷地欣赏艺术、参与艺术创作和互动，促进社会包容和多元文化的发展，促进社会健康和谐。

## 二、活动内容

### （一）对儿童的关怀

首先，面向对儿童的关怀层面。儿童的审美教育在现代社会中占据着越来越重要的地位，它不仅关乎孩子们的审美素养和艺术修养，更影响着他们的创造力、想象力以及对于生活的热爱和感知。而这种教育往往是通过家庭教育、学校教育、社会教育三位一体的方式来进行。美术馆作为社会教育的重要实践场之一，其丰富的艺术资源对于儿童的审美教育来说，无疑是一座宝藏。

基于以上思考，广汇美术馆以馆校合作为基础发起了课堂研学、儿童艺术展览、儿童导览服务等系列活动。活动体现在"汇·玩儿 | 广汇美术馆小小馆员"项目策划中。

项目名称：汇·玩儿 | 广汇美术馆小小馆员。

项目对象：天府七中小学部招募的20名小学生。

项目时间：2023年8—12月。

活动地点：广汇美术馆。

主办单位：广汇美术馆。

活动目的："小小馆员"项目以基于项目学习（project-based Learning）课程为核心，结合美术馆的自身优势和馆藏作品资源，开发主题多元、内容丰富的全新课程。该课程的目标是培养孩子们对美术馆工作的兴趣和基本技能，提高他们的艺术素养和审美能力，锻炼团队合作和沟通能力，并鼓励他们在日常生活中积极发现美、欣赏美、创造美。（表1）

表1 "汇·玩儿｜广汇美术馆小小馆员"活动内容

| 项目名称 | 汇·玩儿｜广汇美术馆小小馆员 | 项目时间 | 2023年8—12月 |
| --- | --- | --- | --- |
| 培训导师 | 广汇美术馆各部门工作人员 | 项目对象 | 天府七中小学部招募的20名小学生 |
| 课程目标 | 1.了解美术馆的基本结构和功能，熟悉美术馆的各个部门及其职责。<br>2.掌握基本的艺术欣赏方法，能够评价和分析艺术作品。<br>3.培养孩子们的策划、组织和管理能力，让他们能够策划并举办一个展览。<br>4.提高孩子们的团队合作和沟通能力，让他们能够与他人良好地协作，并能够清晰地表达自己的想法和意见。 |||
| 课程内容 | 1.美术馆的奥秘——公共教育部（4课时）<br>(1)揭开美术馆的神秘面纱：带领孩子们参观美术馆，介绍美术馆的基本知识，让孩子们了解美术馆的文化底蕴，并帮助他们建立对美术馆的全面认知。<br>(2)探秘美术馆馆员的日常：让孩子们深入了解美术馆的各个部门及其工作流程，由各部门代表作为流动导师为他们介绍美术馆馆员的工作内容、职责、素质要求等，让孩子们了解美术馆馆员的职业特点。<br>2.艺术欣赏——典藏部（4课时）<br>(1)艺术鉴赏入门：介绍美术馆典藏部的工作内容。学习典藏知识，包括美术馆作品的分类、欣赏方法、评论等，提升孩子们的艺术素养。<br>(2)儿童导览学习：通过学习"共态时空：21世纪水墨的视觉情怀"展览各个厅重点作品，了解美术馆导览员的工作，尝试自己去导读作品。<br>3.如何让大家知道美术馆与展览——品牌部（4课时）<br>(1)广而告之的方式：日常通过美术馆的公众号平台进行推广与宣传。让孩子们了解美术馆品牌部的工作流程与方式：活动—新闻撰写—排版—宣传。 |||

(续表)

| | |
|---|---|
| | (2)学习如何宣传美术馆内的活动：通过对美术馆工作、展览内容和作品了解。孩子们学会从自己的角度去撰写关于美术馆的新闻稿。用童趣的语言展示孩子们眼中的美术馆。<br>4.美术馆与大众的桥梁——公共教育部（4课时）<br>(1)了解美术馆的公共教育：了解美术馆的公共教育责任和基本内容，学习如何将艺术与公众连接。<br>(2)当堂小任务：合作策划一个公教活动，邀约自己班级的同学好友参加。<br>5.策划一场展览——展览部（3次课）<br>(1)展览主题选定、征集主题作品：分组讨论选定展览主题，并按照小组汇报本组展览主题和目的，最终集中选定此次展览的主题，并对外公开征集主题作品。<br>(2)展览策划：制订详细的展览计划，包括展览的时间、地点、宣传方案等。选定展品，并联系艺术家对作品进行装裱、邮寄。<br>(3)展览落地与实施：对展览空间进行合理的规划和布局，根据展品的性质和数量，安排合适的展示区域和展位，同时还要考虑人流和参观动线，以实现最佳的展览效果。<br>(4)展览评价与总结：活动结束后，对展览进行评价和总结，反思整个过程中的得失，为后续活动提供经验。（开幕式时进行这一"特别课堂"。）<br>6.齐白石专线小小导览员（3次课）<br>培训将集导览礼仪培训、重难点作品分析、展厅导览、讲解示范、实战讲解、针对性指导等综合课程于一体。培训注重理论与实践的结合，既有"教室学习"，也有"展厅实练"，让小小馆员们能够将所学知识活学活用。同时，美术馆导师还会通过线上线下相结合的方式，对小小馆员们进行导览培训及指导。通过系统化的培训流程激发孩子们对美术馆导览工作的兴趣，并锻炼他们在导览方面的基本技能。 |
| 课程成果 | 1.植物大发现——"小小馆员"系列活动成果展。<br>2.齐白石专线导览员。 |

## （二）对老年人的关怀

广汇美术馆对老年群体的关怀是立足于文化公平和社会责任理论。文化公平强调每个人都应该享有平等的文化权利和机会，而广汇美术馆作为公共文化机构，应该为包括老年人在内的所有群体提供公平的文化服务。社会责任理论则强调企业或组织应该承担社会责任，关注社会问题，满足社会需求。广汇美术馆作为文化机构，应该关注老年群体的需求，为他们提供更好的文化服务和活动。

广汇美术馆通过为老年人提供导览服务、水墨工作坊等公共教育项目开展关怀行动。这种文化活动和艺术欣赏可以帮助他们保持身心健康，增强生活信心和幸福感。同时满足他们的社交需求，促进社会交往和情感交流。（图3、图4、图5、）

图3　植物大发现展览海报

图4　齐白石专线导览培训课程表

图5　齐白石专线导览培训海报

活动名称：汇·客厅丨银龄体验之旅。

活动时间：2023年12月30日。

活动地点：广汇美术馆。

主办单位：广汇美术馆、成都市天府新区正兴街道秦东社区。

招募对象：55—70岁的文化艺术活动爱好人群。

参与人数：面向社区招募10—15人。

活动目的："银龄体验之旅"活动希望通过与社区政府联动招募，为老年人提供更好的文化服务和活动。这可以促进社区文化的建设和

发展，增强社区的凝聚力和活力。同时，广汇美术馆关注老年群体也是履行社会责任的表现，彰显出社会关怀和人文精神。（表2）

表2 "汇·客厅｜银龄体验之旅"活动内容

| 名称：汇·客厅｜银龄体验之旅 | 时间：2023年12月30日 |
|---|---|
| 内容 | 开设便利通道体验：美术馆的安检、购票、核验、存包等流程对于老年人来说是陌生的。因此广汇美术馆通过设置相关环节的便利通道，简化流程或者提供人工引导帮助等，让老年人能够更加方便地完成进入美术馆的流程。 |
| | 提供专属服务体验：根据实际需求设置专门的休息区、提供轮椅借用、提供热水服务、提供适合老年人的厕所间等。这些体验设置可以满足老年人的常见需求，让他们更加方便地参观美术馆。 |
| | 优化参观路线：考虑到老年人的身体状况和观展体验，美术馆优化参观路线，减少参观过程中的疲劳感。选择全程约40分钟的"齐白石大师主题月"导览路线，并在对应展厅外围提供座椅、热水、相关指引等体验服务。 |
| | 提供文化体验活动：考虑到老年人对于文化体验有着浓厚的兴趣，美术馆开启流淌墨色会和工作坊等，通过水墨教学活动让老年人更加深入地了解绘画的技法和技巧、艺术背后的故事和历史文化，帮助提升他们的文化素养。 |
| | 增加互动交流体验：考虑到老年人可能更喜欢互动环节，设计互动环节。结合此次"银龄体验官"展现场体验分享，开展小组讨论：如增加哪些环节可以更适合老年人参观公共文化空间，让老年人更加积极地参与进来，增强他们的参与感和归属感。 |

### （三）对障碍群体的关怀

广汇美术馆作为社会公共机构十分关注社会弱势群体，竭尽全力为他们提供更好的文化服务和活动。这有助于提高公共福利水平，促进社会和谐稳定。同时，障碍群体具有特殊的文化需求和教育需求。广汇美术馆启动了无障碍改造计划，并提供文化服务和教育体验，策划了"遇美之行，关怀之旅"系列活动。活动联合西南儿童医院、四川大学心理与艺术疗愈小组"讲个故事吧"团队、"敲敲来了"团队，以及成都天府新区正兴街道秦东社区共同开展。

活动名称：汇·客厅 | 遇美之行，关怀之旅。

活动时间：2023年9—12月。

活动地点：广汇美术馆。

主办单位：广汇美术馆。

活动目的：广汇美术馆针对障碍群体开展关怀系列活动，可以促进多元化和包容性的发展。通过为障碍群体提供平等的文化机会和无障碍的环境，美术馆可以吸引更多的观众前来参观和参与活动，促进文化的交流和社会的融合。（表3）

表3 "汇·客厅 | 遇美之行，关怀之旅"公益艺术疗愈系列活动策划

| 名称：汇·客厅 | 遇美之行，关怀之旅 |||时间：2023年9—12月|
|---|---|---|
| | 主题 | 融合 |
| 第一期 | 共创单位 | 西南儿童医院、四川大学心理与艺术疗愈小组"讲个故事吧"团队、成都天府新区正兴街道秦东社区。 |
| | 对象 | 西南儿童医院10名患有心理疾病儿童（多动、躁郁）；社区街道招募10名有艺术疗愈需求的儿童（内向、沟通困难、多动）。 |
| | 注意事项 | 参与活动儿童均有家长陪同；艺术工作坊活动经由专业心理医生指导后进行。 |
| | 内容 | 1."叙事绘画——沉浸式心灵疗愈"讲座（2023年9月16日 14:00—14:50，学术报告厅）：国家高级心理咨询师石英老师认为，通过沉浸式绘画以及叙事的方式，能够使经历创伤的儿童来访者降低心理防备，让潜意识意识化，将意识符号化，逐渐打开自己的心灵。她以："叙事绘画——沉浸式心灵疗愈"为主题开展讲座，并且带领现场的家长与孩子们拿起画笔，自由创作。 |

（续表）

| | | |
|---|---|---|
| 第一期 | 内容 | 2."讲个故事吧"工作坊（2023年9月16日14:50—16:30，LAB西厅）："讲个故事吧"团队将运用心理学的叙事隐喻疗法，以故事为载体，为孩子们提供一种温柔的心理干预方式，帮助他们克服心理障碍。孩子们用"拼贴+绘画"的方式来讲述故事、快乐沟通。通过这种游戏化的心理疗愈方式，让特殊群体和普通人彼此倾听，互相理解。具体包括：（1）破冰游戏分组，组员相互了解；（2）介绍主题规则，熟悉工具包；（3）拼贴绘画创作，合作编写故事；（4）小组内部讨论，相互解读故事；（5）揭晓故事真相，交流颁奖环节。 |
| 第二期 | 主题 | 交流 |
| | 共创单位 | 成都天府新区特殊教育学校、四川大学心理与艺术疗愈小组"敲敲来了"团队。 |
| | 对象 | 成都天府新区特殊教育学校学生（智力障碍、听力障碍、唐氏综合征）。 |
| | 注意事项 | 参与活动儿童均有专业特殊教育老师陪同，推文照片宣传需经过家长和老师同意。 |
| | 目的 | 每一个孩子都是一颗独特的星辰，他们在各自的轨道上熠熠生辉。广汇美术馆用实际行动传递关爱与尊重，通过"敲敲，猜猜我是谁？"活动，走进特殊教育学校小朋友们的内心世界，去感受他们的色彩斑斓。 |
| | 方式 | "敲敲来了"艺术工作坊通过有趣的游戏中的涂色、交流、猜测之类最简单的方式，让孩子们快速了解他人，感知自身的色彩。提供一个独特的视角，探索无语言交流中的个性和创意。游戏中，"敲敲精灵"通过变换身体的颜色来展现自己的个性。而黑白色的"敲敲线条"闭着眼睛，等待人类用色彩将它们唤醒……"敲敲"通过色彩与情绪轻叩人类心里小小的门，分享柔软、放松而可爱的生活态度。 |

（续表）

| | | |
|---|---|---|
| | 内容 | 1. 参与者从七个不同的"敲敲精灵"中，选择自己喜欢的一个。<br>2. 为黑白的"敲敲精灵"线稿填入色彩，唤起参与者内心深处想要表达的爱与情感。<br>3. 导师收回并给大家自由抽取卡片，分别猜测是谁绘制的。<br>4. 大家揭晓自己真正的"敲敲精灵"，分享交流。 |
| 第三期 | 主题 | 表达 |
| | 共创单位 | 四川大学心理与艺术疗愈小组"讲个故事吧"团队、成都天府新区正兴街道秦东社区、西南儿童医院。 |
| | 对象 | 社区街道招募15名表达沟通困难或者内向的孩子。 |
| | 注意事项 | 参与活动儿童均有家长陪同；艺术工作坊活动经由专业心理医生进行评议。 |
| | 方式 | 艺术是一种非常有效的情感表达方式。儿童可以通过绘画、涂鸦等艺术形式表达内心的情感和感受，如快乐、悲伤、愤怒、恐惧等。这有助于他们更好地理解自己的情感，提高情感智商，并学会用适当的方式表达自己的情感。艺术疗愈工作坊能够帮助儿童建立自信心。当儿童在创作中表达自己的想法和感受时，他们会感到自豪和满足。这种积极的反馈可以激励他们继续表达自己，提高自信心。"讲个故事吧"团队将继续运用心理学的叙事隐喻疗法，以故事为载体，帮助儿童克服心理障碍。孩子们用"拼贴＋绘画"的方式来讲述故事、开展沟通与表达。 |
| | 内容 | 1. 破冰游戏分组，组员相互了解。<br>2. 介绍主题规则，熟悉工具包。<br>3. 拼贴绘画创作，合作编写故事。<br>4. 小组内部讨论，相互解读故事。<br>5. 揭晓故事真相，交流颁奖环节。<br>6. 孩子和家长分别进行采访。<br>7. 西南儿童医院心理咨询师评议。 |

图6 "遇美之行，关怀之旅"公益艺术疗愈系列活动海报（来源：广汇美术馆）

## 三、效果评估

"以关怀为名——汇·公共美育"系列活动覆盖了对三个不同群体的关怀，因此如何了解活动真实社会效应和影响是非常重要的。活动效果评估的方法可以从以下方面进行。

第一是参与度评估。根据报名情况统计参与公教活动的人数，了解参与者的背景和特点，分析参与者的来源和参与原因。同时，可以通过问卷调查等方式收集参与者对活动的满意度和反馈，了解活动的吸引力和效果。第二是认知度评估。通过问卷调查、访谈等方式了解参与者对公教活动的认知程度，如活动目的、内容、形式等方面。了解参与者对活动的评价和建议，以便改进和完善活动。第三是行为改变评估。通过观察、问卷调查、访谈等方式了解参与者接受公教活动后的行为改变情况，包括是否能够更好地理解和应用所学知识、技能，是否能够更好地融入社会等。第四是反馈评估。通过收集参与者的反馈意见和建议，了解他们对活动的感受和评价。这些反馈意见和建议可以帮助组织者更好地了解活动的优点和不足，从而进行改进。第五是成果展示评估。通过展示公教活动的成果和亮点，如优秀作品展示、活动照片展示等，让更多人了解活动的价值和意义，提高活动的知名度和影响力。

总之，对广汇美术馆公共教育活动效果进行评估需要采用多种方法，从多个角度进行全面评估，以便更好地了解活动的优缺点，为未来的公共教育活动提供参考和借鉴。

## 四、亮点及创新点

"以关怀为名——汇·公共美育"系列活动的策划与推进能够促进社会美育发展，用文化和艺术普惠大众。帮助公众以艺术的方式认识和理解世界，是义不容辞的社会责任。美术馆是历史与未来之间的桥梁，承载着开展文化交流与文明对话的使命。因此，"以关怀为名——汇·公共美育"系列活动的亮点和创新点主要体现在以下几个方面。

### （一）多元化和包容性

该系列活动涵盖了对儿童群体、老年群体和障碍群体的关怀，充分考虑了不同年龄段和不同身体条件的人群的需求和特点，体现了多元化和包容性的特点。这种关怀不仅关注了儿童、老年人和障碍群体的艺术欣赏和创作能力，还关注了他们的心理和社会需求，充分展现了该活动的人文关怀和社会责任感。

### （二）创新性的活动形式和内容

针对不同群体的特点，该活动采用了创新性的活动形式和内容。在儿童关怀方面，通过小小馆员培训、儿童艺术展览等形式，促进儿童的艺术兴趣和创造力；在老年群体关怀方面，通过"银龄体验"邀约、导览和艺术工作坊服务等形式，提高老年人的文化素养和审美水平；在障碍群体关怀方面，通过无障碍展览、艺术疗愈工作坊等形式，满足他们的审美需求。这些创新性的活动形式和内容，使得不同群体都能在活动中找到适合自己的内容和形式，提高了活动的参与度和吸引力。

### （三）跨界合作和社会参与

该系列活动不仅包含了美术馆自身的资源和力量，还积极与学校、儿童医院、企业、社区等机构进行合作，通过跨界合作和社会参与的方式，扩大活动的影响力和覆盖面。这种跨界合作不仅带来了更多的资源和支持，还促进了不同领域之间的交流和互动，为公共美育的发展提供了更广阔的空间。

### （四）持续性和系统性

该系列活动不是一次性的公益活动，而是持续性和系统性的项目。通过定期举办不同主题的活动，不断满足不同群体的需求，同时也可以吸引更多的人前来参与，提高公共美育的水平。这种持续性和系统性的活动设计，使得公共美育成为一种长期而有效的社会服务。

### （五）注重实际效果和社会影响

该系列活动不仅注重活动的参与度和体验感，还关注活动的实际效果和社会影响。通过问卷调查、跟踪回访等方式，对活动效果进行科学评估，及时反馈和总结经验，不断优化和完善活动内容和形式。这种注重实际效果和社会影响的特点，使得公共美育成为一种具有实效性和可持续性的社会服务。

## 五、结语

"以关怀为名——汇·公共美育"系列活动的亮点和创新点主要体现在多元化和包容性、创新性的活动形式和内容、跨界合作和社会参与、持续性和系统性、关注参与者反馈和实际影响等方面。这些活动不仅满足了不同群体的需求,提高了公共美育的水平,还为推动文化传承和社会发展做出了积极的贡献。

# 最美中国白

## ——当代德化瓷海外推广公共美育案例

叶扬秋[*]

## 一、展览背景

明清时期，福建德化窑瓷器以生产优质白瓷著称，明代万历年间的《泉州府志》载："又有白瓷器，出德化程寺后山中，洁白可爱。"17世纪，德化窑白瓷开始远销欧洲，成为皇室贵族的收藏珍品、瓷器制造厂纹样与造型的范本以及画家笔下的异域元素，还参与了18世纪西方装饰艺术史的金属镶嵌风潮，并被19世纪外国学者命名为"中国白"（Blanc de Chine）。当代西方学术界以是否有"透影性"为标准来判断瓷器的优劣，"中国白"以其透如纱、薄如纸的瓷胎，成为最具影响力的中国海外贸易品之一。故而，德化窑白瓷在世界各大博物馆均有精品收藏，且有着极高的美誉度。

2023年，正值"一带一路"倡议提出十周年，为贯彻落实习近平总书记关于"坚持创造性转化、创新性发展，找到传统文化和现代生活的连接点，不断满足人民日益增长的美好生活需要"重要指示精神，弘扬我国优秀陶瓷艺术，体现中国与世界文明的交流互鉴，计划于2023年12月在德

---

[*] 华侨大学美术学院讲师。

化陶瓷博物馆举办"最美中国白——当代德化白瓷艺术展",同时结合展览开展公共美育活动,向海内外推广传播当代德化陶瓷文化。[①]

## 二、策划理念

展览的策划理念基于著名美育理论家和艺术教育家阿瑟·艾夫兰(Arthur Efland)的美育思想,他关注艺术教育的历史与文化背景,认为艺术教育应当扎根于历史和文化传统之中。他强调了艺术教育对于个体发展和社会文化的重要性,并主张将艺术教育置于更广泛的文化语境中。[②]陶瓷美育是中华美育思想的重要组成部分,它以全社会普及的陶瓷认知教育为核心,旨在通过陶瓷知识传授和能力培养,提升社会公众特别是青少年的陶瓷文化素养和审美能力。

此次案例的策划以"中国白"陶瓷艺术展览为主线,先提出问题:什么是"中国白"?为何"中国白"在西方传播过程中被"误读",形成一种新的欧洲样式,即所谓的"中国风"?进而在公共美育活动中探索如何以中国传统文化中的陶瓷知识体系为本位向海外推广当代"中国白"艺术。

展览通过展示和解读古今"中国白"艺术品,来提升观众的审美能力和文化素养。将"中国白"作为一种流动之"物",置于海上丝绸之路历史背景下,进行系统展示研究和解读,观众可以直观地感受到德化陶瓷文化在海内外流播过程中的魅力,从而提高他们的民族自豪感和自信心。此外,观众通过实地参观和亲身体验,能更好地理解和欣赏这些艺术品,从而激发他们对陶瓷艺术的鉴赏水平。

此次"中国白"主题美育活动依托于专业的陶瓷基础教育,旨在提升青少年的陶瓷文化素养和审美能力。在30天的展期中,日均观展人数800人,7—12岁年龄段的青少年占比最多,其次是35岁以上年龄段，可以理解为以家庭为单位观展的群体数量是此次展览的主体观众。根据《中国美育发展研究报告（2020—2022）》，目前我国美育的受众群体呈现出多元化的特点，包括中小学生、大学生以及社会人士等不同年龄段的人群。因此，在开展陶瓷美育时，需要根据不同观众的需求和特点进行精准定位，制订相应的教学计划和内容。（图1）

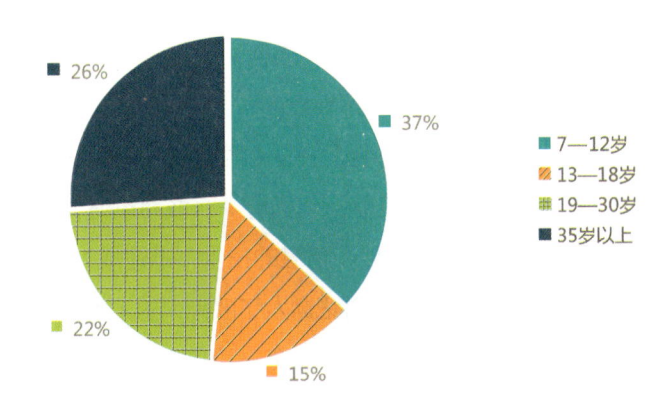

图1 "中国白"陶瓷展观众年龄分布

## 三、实施过程

### （一）展览主题诠释

展览主题：最美中国白——当代德化白瓷艺术展。

作为文化表征的德化瓷不仅是中国人的日常专属，更重要的是瓷器背后与中华文化同源同宗的生活习俗、宗教信仰、建筑空间、家国情怀，构成了海内外中国人"文化共同体"的凝聚力。

### （二）展览内容

**1. 素以为绚——造物之"道"与"礼"**

第一，中国古人认为白色是化育天地万物的基础，《淮南子》中亦有言,"色者,白立而五色成矣"。通过《论语》中的"素以为绚"导入展题,通过史前白陶、黑陶、红陶,唐代邢窑白瓷、越窑青瓷等实物陈列,将白瓷的发展历程进行考古学梳理,揭示瓷器以素为美、器以载道的中国传统美学观。

第二,介绍"中国白"的起源与发展,突出明清德化窑的窑址分布与窑口产品特色。利用德化陶瓷博物馆的展厅进行空间布局,按照时间顺序陈列宋元明清德化窑口的代表性白瓷产品,与中国其他窑口同时代单色釉瓷器进行工艺和艺术装饰手法上的比较。

### 2. 从"china"到"China"——"中国白"与西方文明的相遇

1087年,泉州市舶司设立,刺桐港一跃成为东方第一大港,德化陶瓷因其得天独厚的地理条件和精湛的技术,迅速成为出口陶瓷之一。马可·波罗(Marco Polo)的游记激发了欧洲人对这种神秘东方瓷器的无限神往。"刺桐城(泉州古称)附近有一别城,名迪云州(德化),制造碗及瓷器,既多且美。"世界各大海域古代沉船出水及海上丝绸之路沿线国家出土流传的大量德化白瓷,都说明了德化白瓷"天下宝之"。明清时期,海路交通进一步发展,德化白瓷外销也进入了新阶段,从福建沿海各港口输出,远销东北亚、东南亚、印度洋沿岸、阿拉伯以及东非沿岸国家和地区,通过葡萄牙的东洋贸易船运到欧洲,立刻得到全欧洲贵族阶层的欣赏和欢迎。

第一,从饮茶器具到餐桌礼仪,主要呈现德化窑的白瓷茶器及与福建茶叶海外贸易的关联。通过欧洲油画图片与实物的对照,讲述"中国白"行销世界的概况,德化白瓷成为欧洲人的日常生活中重要的茶具与餐具。德国梅森瓷厂仿制"中国白"观音像生产的巧克力色瓷塑,反映了德化瓷对欧洲瓷器业的影响。

第二,佛像瓷塑是德化窑的经典作品类型。以瓷圣何朝宗为代表的德化艺人不断推陈出新,艺术臻于化境。例如观音继承了晚唐遗风,表现观音大度慈祥、气度不凡的庄严感。文昌帝君是民间传说的掌文运之神，瓷塑体现出温、良、恭、俭、让的特质，透露着中华民族高尚的品行修养。17世纪以后，欧洲客商曾在德化定制了大量的基督教瓷塑，并将送子观音作为圣母玛利亚来膜拜。

第三，"中国白"在欧洲的工艺厂进行金属饰物镶嵌、器身彩绘等再加工。"中国白"被改制为香薰，加上了精致的铜构件保护器身的口沿及底座，在外形上已经反映出新的欧洲风格。

### 3. 何以"中国白"——当代德化瓷器的海外传播与文化推广

现代德化"中国白"充分利用现代工艺结合本地瓷土可塑性较强的特质，创新神仙人物、传说典故等经典瓷塑题材。同时，拓展了题材的表现范围，既增加了古代圣贤，如老子、孔子等先哲，也有现代做出杰出贡献的英模人物。展品着重体现当代"中国白"在艺术创作上的新发展，展陈具有东方抽象意味、现代理念的作品。

第一，薄胎技艺对传统技法的超越。如德化现代仕女像纤纤发丝，素白的衣袍飘逸如风，远看是纱，近看是瓷。利用3D打印技术追求瓷质表现的极致，有的瓷塑似纸却非纸，似花却非花，精妙绝伦，展示工艺美术大师苏献忠等艺术家的作品。

第二，突破瓷塑烧制瓶颈，创作实心瓷塑。许瑞峰等制作的实心观音像，在尺寸、体量上超越传统瓷塑的规制，试制成功实心瓷塑，强化"中国白"的艺术属性。展示国家级非物质文化遗产"德化瓷烧制技艺"传承人邱双炯、许瑞峰、陈明良等创作的"中国白"瓷塑作品。许瑞峰大师的实心瓷塑《坐石观音》和抽象形式德化瓷瓶《玄》，在观念和技术上与传统"中国白"进行对话。（图2、图3）

该展览运用了多媒体辅助陈列技术，展示屈斗宫窑、梅岭窑等遗址环境视频，播放中央电视台拍摄的"中国白"专题片，展览数字互动体验项目，将德化窑瓷器制作工艺流程做成可触摸的数字墙。

图2　许瑞峰瓷塑《坐石观音》(2021)　　图3　许瑞峰瓷瓶《玄》(2015)

### (三)公共美育活动对象

主要的活动对象为中小学生和本科生,有助于广大青少年了解福建深厚的陶瓷文化和海丝文化,提升"中国白"的社会知名度和美誉度。

### (四)公共美育活动主题

活动主题:"中国礼物:一个白色金子的故事"。

通过"中国白"的世界环游旅程,让青少年感知"中国白"的材质之美、技艺之美与礼仪之美。

### (五)活动内容及过程

公共美育活动的具体内容分为三个部分,由博物馆课程,高校通识选修课程,绘本、普及读物创作组成,三个部分相辅相成,在博物馆、高校、社会文化机构间形成合力,在海内外传播"中国白"陶瓷文化。

### 1. 开发博物馆公共美育课程

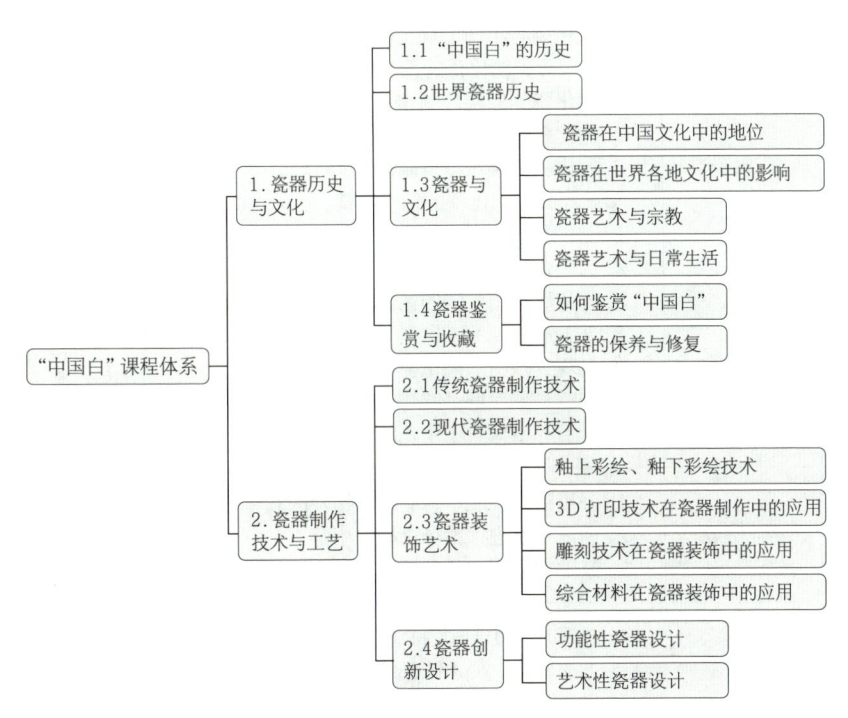

"中国白"课程体系：
- 1. 瓷器历史与文化
  - 1.1 "中国白"的历史
  - 1.2 世界瓷器历史
  - 1.3 瓷器与文化
    - 瓷器在中国文化中的地位
    - 瓷器在世界各地文化中的影响
    - 瓷器艺术与宗教
    - 瓷器艺术与日常生活
  - 1.4 瓷器鉴赏与收藏
    - 如何鉴赏"中国白"
    - 瓷器的保养与修复
- 2. 瓷器制作技术与工艺
  - 2.1 传统瓷器制作技术
  - 2.2 现代瓷器制作技术
  - 2.3 瓷器装饰艺术
    - 釉上彩绘、釉下彩绘技术
    - 3D打印技术在瓷器制作中的应用
    - 雕刻技术在瓷器装饰中的应用
    - 综合材料在瓷器装饰中的应用
  - 2.4 瓷器创新设计
    - 功能性瓷器设计
    - 艺术性瓷器设计

图4　德化陶瓷博物馆"中国白"课程体系

### 表1　博物馆"中国白"课程大纲

| | |
|---|---|
| 课程简介 | 本课程旨在通过对"中国白"德化瓷的欣赏和学习,提高学员的审美能力,培养艺术素养,了解中国传统文化。课程内容涵盖德化瓷的历史、工艺、艺术特点等方面,结合美术馆的实物展示和专家讲解,使学员能够全面深入地了解德化瓷的魅力。 |
| 课程目标 | 1. 了解德化瓷的历史背景和发展过程。<br>2. 掌握德化瓷的基本工艺和特点。<br>3. 学会欣赏德化瓷的艺术价值,提高审美能力。<br>4. 培养对中国传统文化的兴趣和热爱。 |

（续表）

| | |
|---|---|
| 课程内容 | 第一部分：德化瓷的历史与文化。<br>1. 德化瓷的起源与发展。<br>2. 德化瓷在中国陶瓷史上的地位。<br>3. 德化瓷与中国传统文化的关系。<br>第二部分：德化瓷的工艺特点。<br>1. 德化瓷的原料与制作工艺。<br>2. 德化瓷的造型与装饰特点。<br>3. 德化瓷的釉色与烧制技术。<br>第三部分：德化瓷的艺术鉴赏。<br>1. 德化瓷的艺术风格与流派。<br>2. 德化瓷的代表作品与名家介绍。<br>3. 如何欣赏德化瓷的艺术价值。<br>第四部分：实践环节。<br>1. 参观美术馆的德化瓷展览。<br>2. 观摩专家现场讲解与示范。<br>3. 学员动手体验德化瓷制作过程。 |
| 教学方法 | 1. 采用讲授、展示、实践相结合的教学方式。<br>2. 邀请专家进行现场讲解与示范。<br>3. 鼓励学员积极参与讨论与交流。 |
| 课程安排 | 1. 总课时：10课时（每课时2小时）。<br>2. 上课地点：美术馆公共美育教室或陶瓷工作室。<br>3. 上课时间：每周一次，每次2课时，共计5周完成。 |

**2. 融入高校通识课程模块**

古为今用，服务社会生活，创造艺术作品，便是"中国白"非遗传承人的工匠精神，本案例在实施的过程中积极推动国家级非遗"德化瓷烧制技艺"进高校活动，在福建省内高校的通识课程建设中增加陶瓷制作和鉴赏课程，在大学生中培养未来的知识传授者和传播者。笔者曾带领华侨大学本科生到德化县开展校级通识课"中国工艺美术鉴赏与当代视觉文化"课程实践活动。（图5）

图5 华侨大学本科生在德化县陶瓷工厂进行课程实践

### 3. 绘本、普及读物创作

为了让观众在"中国白"展览中获得良好的观展体验,采用先绘本引入、后参观导览的形式。如绘本故事《我从东方来》,首先以《安徒生童话》中对南京大报恩寺瓷塔的描写展开,介绍欧洲人对大报恩寺瓷塔的文学描述与视觉重现,进而讲述"中国白"匠人们根据各国不同文化设计、制造出适合当地人的器皿,如圣母玛利亚、夏娃、荷兰人等西方人物的瓷塑,着重表现观音被基督教徒奉为圣母玛利亚的故事。从中我们可以看到德化窑观音被西方"误读",从而唤起当代中国人对东西方文化差异的反思,用中国文化立场讲述中国故事显得尤为重要。"绘本—展览"的形式有利于引出问题:瓷器不但是重要的外销产品,还传承着中华文化的礼仪和习俗。

创作并出版社科普及读物《福建陶瓷文化与华人社会》,以图文介绍"中国白"在海外华人日常生活中的题材转换与图式融合过程，如"泰兴"号插图讲述德化瓷出口异域触礁沉没，在时隔百年后重见天日，入藏德化陶瓷博物馆。（图6、图7）

图6 《福建陶瓷文化与华人社会》中的"泰兴"号插图

图7 "泰兴"号出水德化窑瓷器（德化陶瓷博物馆藏）

### （六）活动总结

海上丝绸之路的贸易将中国的礼物带给世界各国，"中国白"成为中西方文明互鉴的历史见证。本案例将陶瓷展览与博物馆公共美育紧密结合，在实施过程中以展品来探讨中西文化交流中的现实遭际，通过公共美育活动寻求解决路径与方法。

为解决现有博物馆公共教育中存在着同质化、浅表化、碎片化的问题，本案例通过实践认为：需要增强活动的学术性、融入思政教育、采用跨学科教学等策略。首先，应加强陶瓷艺术教育的专业性，注重技能训练和实践操作，使学生能够真正掌握陶瓷制作的技能。其次，应将艺术教育与思政教育相结合，培养学生高尚的审美情趣和社会责任感。此外，引入跨学科的教学方式，促进不同学科之间的交流与融合，从而拓宽学生的视野和思维方式。

总之，"中国白"在中国传统文化中以素为美，绚烂之极归于本真，而在西方文化中被认为是一种白色金子、一种奢侈品、异文化想象中的"他者"。"物"的流动促进了中西方商贸与文化交流，中国陶瓷文化已深度融入西方社会，并与本土文化和谐共存。当代青年在面对中西方文化差异甚至冲突时，应以"各美其美，美人之美"的心态，才能实现"美美与共，天下大同"的愿景。

## 四、亮点及创新点

### （一）形式创新

本案例针对青少年群体采用"绘本 + 观展"的美育活动形式，以文化交流的视角，讲述"中国白"文化与中国人日常生活的紧密联系。注重考虑青少年的参观体验，先用绘本作引入正题，然后通过导览解读瓷器作品。注重运用多媒体辅助陈列技术，提升观展的沉浸感。

### （二）内容创新

本活动选取的大部分文字资料和作品资源来自近年来的学术成果和"中国白"艺术展中的获奖作品。同时，结合高校通识课程、普及读物等形式打造出适合青少年体验认知的课程资源，改变以往同类活动仅针对展览期间开展公教活动，无法形成持续性教育成果的状况。

## 五、推广价值

"中国白"在中国文化中被赋予了礼物交换、家族传承、为国宣劳等重要的历史内涵。本案例以瓷为媒，让青少年了解"中国白"的器型、装饰、釉色与当代人审美取向之间的联系。

"中国白"的文化属性可以归结为海纳百川的造型特征和日常生活化的器型功能，德化窑的"中国白"在中西方交流史上有独特的贡献。

本案例注重讲述海上丝绸之路的陶瓷故事，对"中国白"的海外传播起到良好的宣传作用。

本案例以提升青少年人文素养为主要目标，采用美育课堂结合绘本创作的方式，生动体现陶瓷所承载的礼仪与审美的价值，丰富人文知识的接受途径。

## 六、媒体评价

别开生面的德化当代陶瓷艺术展，结合公共美育活动，旨在通过展示"中国白"的发展历史、技艺和文化内涵，提高公众对德化白瓷的认知。展览吸引了众多观众，也引起了东南网、华侨大学官网等主流媒体和美术馆美育人士的广泛关注。有媒体认为，展览以"最美中国白"为主题，既展现了德化陶瓷的艺术价值，又传播了中国传统陶瓷的本位文化，具有很高的社会价值。同时，展览还注重互动体验，让观众在参与中学习，提高了展览的教育效果。此次案例的成果为今后的美术馆公共教育提供了有益的借鉴和启示。

### （一）传承德化千年陶瓷文化精髓

此次展览通过展示德化陶瓷的历史沿革、技艺特点和艺术风格，让观众深入了解这一传统工艺的魅力。同时，展览讲解员带领观众进行绘本导读、现场导览、互动体验，让观众切身感受德化陶瓷的千年制瓷历史和海外传播史，从而加深对传统文化的认识和理解。

### （二）提升社会公众对传统文化的审美素养

"中国白"以其精美的造型、细腻的纹饰和独特的釉色而著称于世。此次展览精选了众多德化当代陶瓷的精品力作，让观众在欣赏美的过程中，提升自己的审美素养。此外，展览还设置了专门的互动体验区，让观众亲手制作德化陶瓷，从而培养观众的动手能力和创造力。

### （三）弘扬德化瓷的工匠精神

"中国白"制作工艺繁复，需要匠人们具有精益求精、锲而不舍的精神。此次展览通过展示德化陶瓷的制作过程，让观众感受到工匠精神的伟大。同时，展览还通过绘本、普及读物等形式讲述德化陶瓷海外传播的故事，激发观众对传统工艺的敬意和对工匠精神的传承。

### 注　释

① 展览因故未能举办。
② 参见［美］阿瑟·艾夫兰《西方艺术教育史》，邢莉、常宁生译，四川人民出版社2000年版。

# "画说闽西非遗——全国中国画名家写生创作邀请展"展览方案

陈 蓉[*]

## 一、展览的公共美育价值

2020年10月29日,中国共产党第十九届中央委员会第五次全体会议通过《中共中央关于制定国民经济和社会发展第十四个五年规划和二〇三五年远景目标的建议》,建议第九条提到"传承弘扬中华优秀传统文化,加强文物古籍保护、研究、利用,强化重要文化和自然遗产、非物质文化遗产系统性保护,加强各民族优秀传统手工艺保护和传承"。该项建议的通过,对传承和弘扬中华优秀传统文化,提升公共文化服务水平,繁荣发展文化事业和文化产业,提高国家文化软实力指明了方向,具有积极的指导意义。

### (一)文化传承与理解

闽西除红色文化外,还具有深厚的传统文化底蕴,闽西现有国家级非物质文化遗产代表性项目10项,省级非物质文化遗产代表性项目37项,市级非物质文化遗产代表性项目227项。非物质文化遗产项目

---

[*] 冰心文学馆馆员,福建省美术家协会展览部主任,三级美术师。

代表性传承人中，国家级4人、省级43人、市级142人。此次活动以"非遗"为主题，选取了部分非遗项目作为画家创作素材，如：闽西汉剧、龙岩沉缸酒、客家土楼营造技艺、十番音乐、提线木偶戏、采茶灯、永定客家山歌、连城拳、长汀公嫲吹、长汀客家九连环等。非遗传承人的精彩演绎深深地震撼了在场的画家们，画家用心体验闽西的自然之美、人文之美，用情感受闽西的魅力，以艺术家独特的感知力和创造力，现场创作了近百件美术作品。闽西的生态美景、厚重的历史文化、丰富多彩的非遗项目，是画家的灵感之源、创作之源。画家们用艺术的表现形式展现闽西非遗保护项目成果和传承人坚守传承精神、民俗民风，助力闽西非物质文化遗产保护，留存非遗的历史画卷，让更多的人了解非遗、爱上非遗、保护非遗。

## （二）艺术教育与审美提升

"画说闽西非遗——全国中国画名家写生创作邀请展"展示了中国优秀的绘画作品，让公众更加深入地了解和欣赏中国传统艺术的魅力，从而促进公众对中国传统艺术的传承和发扬。同时，培养公众的审美能力和艺术素养，展览的中国画写生作品具有很高的艺术价值和审美价值，公众通过欣赏这些作品，可以提升审美能力和艺术素养，提高对美的认识和理解，从而提升整体的公共美育水平。

## （三）跨界融合碰撞与交流

非物质文化遗产和中国画的跨界融合碰撞，可以带来独特的文化影响力和魅力。非物质文化和中国画都是中国传统文化的重要组成部分，具有深厚的历史底蕴和艺术价值。将它们进行跨界融合，可以创造出新的艺术形式和表现手法，既保留了传统文化的精髓，又注入了新的元素，使得作品更具有时代感和现代性。

非物质文化遗产和中国画的融合可以促进文化多样性与创新非遗的素材和表现形式非常丰富，包括神话、传说、故事、歌谣等，这些都可以为中国画提供新的创作灵感和表现手法。同时，中国画的笔墨技巧和构图方式也可以为非遗提供新的表现形式和技巧，使得非遗更具有艺术性和观赏性。

### （四）增强文化认同感和文化自信

　　展览的举办对于展示中国传统文化，讲好中国故事，向世界展现中国形象、中国精神，提升文化自信，创新推进国际传播，加强对外文化交流和多层次文明对话具有积极的意义。通过将传统文化与现代艺术相结合，可以创造出更具有代表性和独特性的文化符号，从而增强公众对传统文化的认知和认同感。同时，这种融合也可以为传统文化注入新的活力和动力，推动传统文化的传承和发展。（图1）

图1　艺术家面对面现场导赏

### (五)推动地方经济发展

通过展示闽西地区的非遗文化,可以提升闽西的知名度和形象,吸引更多的游客和投资者关注和了解该地区。这有助于推动闽西地区的旅游产业和文化产业的发展,进而促进地方经济的增长。画展中的作品具有很高的艺术价值和审美价值,可以吸引大量的观众和投资者前来观赏和收藏。这不仅可以增加画家的收入和知名度,还可以带动相关产业的发展,例如艺术品市场、文化创意产业等,从而进一步推动地方经济的发展。

通过展览的宣传和推广,可以让更多的人了解和认识闽西地区的非遗文化和历史,进而促进该地区的文化遗产保护和传承。这有助于保持该地区的文化独特性和历史底蕴,同时也可以为该地区的文化产业和文化旅游提供更加丰富和独特的文化资源,推动地方经济的持续发展。

"画说闽西非遗——全国中国画名家写生创作邀请展"的公共美育表现非常突出,它不仅提升了公众对非遗文化的认识和了解,还促进了公众对传统艺术的欣赏和传承,培养了公众的审美能力和艺术素养,增强了公众的文化自信和民族自豪感,推动了公共文化的发展和创新。

## 二、策展思路

### (一)展览主题

"画说闽西非遗——全国中国画名家写生创作邀请展"。

## （二）展览概念海报

图2　展览概念海报

## （三）展览前言

  为深入学习贯彻党的十九届五中全会精神和习近平总书记来闽考察重要讲话精神，扎实开展"再学习、再调研、再落实"活动，自觉用中华传统文化、革命文化、社会主义先进文化培根铸魂、启智润心，让美术成果更好服务于人民群众的高品质生活需求，中共龙岩市委宣传部、福建省艺术馆、福建省美术家协会、福建省画院、龙岩市文化和旅游局积极响应号召，认真筹划"画说闽西非遗"采风写生及展览活动。

  本次活动组织了来自全国各地的二十几位著名中国画画家于2020年11月4—9日深入龙岩市新罗区、永定区、连城县、长汀县等地对多个闽西非物质文化遗产项目进行采风写生，现场创作了近百件美术作品，营造社会各界关注和保护闽西非物质文化遗产的良好氛围。

  非物质文化遗产是浩瀚历史的沉淀，是岁月刻下的印记，承载着中华文化的传统和历史记忆。福建闽西历史文化悠久，非物质文化遗产项目众多、底蕴深厚，有国家级非物质文化遗产代表性项目10项、省级37项、市级227项；非物质文化遗产项目代表性传承人中，国家级4人、省级48人、市级156人。"闽西非遗"以独特的文化载体和重要的文化脉系,蕴含着厚重的文化内涵和丰实的人文价值,成为中华文化的一道亮丽风景线。

本次活动以"画说闽西非遗"为主题,集结了画家们表现闽西人文风貌和非遗文化项目的写生及创作精品,将于5月和7月分别在龙岩、福州两地盛大展出,展现画家们以独具匠心的艺术创造力,描绘闽西非物质文化遗产保护成果的独特意涵,传递闽西非遗传承人的匠心传承精神。活动用中国画的形式来表现闽西非物质文化遗产,既是一次传承担当,也是一次创新突破。画家们主动将中国画的创作形态与非遗文化符号有机融合,以饱含文化认同的深厚感情,在传承与创新的把控中展现出艺术的双重魅力,以非遗为骨、以画为形、以美为媒,助力闽西非物质文化遗产保护,留存闽西非遗的美丽历史画卷,让更多人了解非遗、爱上非遗、保护非遗,为"第44届世界遗产大会"增添光彩。

无疑,本次系列活动的举办对于展示中国传统优秀文化、讲好中国故事、展现中国形象、弘扬中国精神和提升文化自信都具有积极重要的意义。(图3)

图3 展览前言海报

### （四）展览信息

首展展览时间：2021年5月7—17日。

展览地点：龙岩美术馆。

福州巡展展览时间：2021年7月14—18日。

展览地点：福建省画院。

主办单位：中共龙岩市委宣传部、福建省艺术馆、福建省美术家协会、福建省画院、龙岩市文化和旅游局。

承办单位：龙岩市非物质文化遗产保护中心、龙岩市艺术馆、龙岩美术馆。

协办单位：各县（市、区）委宣传部、各县（市、区）文体和旅游局、各县（市、区）文化馆（非遗保护中心）、龙岩市美术家协会。（图4）

图4 "画说闽西非遗——全国中国画名家写生创作邀请展"福州巡展嘉宾合影

## 三、实施过程

### （一）展览主题诠释

文化，是人类社会物质文明与精神文明的积淀。在当今世界多元化的进程中，文化是一座城市特色独具的名片，是一座城市的底蕴和品格，是一座城市走向世界的创新之源。龙岩闽西是客家祖地，又是著名的革命老区，是中央苏区的核心区。客家文化和红色文化一脉相承，特质异曲同工，都成为鼓舞闽西人民奋发有为、争创一流的强大精神动力。

闽西非物质文化遗产项目包括民间文学、民间音乐、民间舞蹈、戏曲、曲艺、民间杂技、民间美术、民间手工技艺、生产商贸习俗、消费习俗、人生礼仪以及岁时节令等多个领域。

非物质文化遗产是以人为本的活态文化遗产，强调的是以人为核心的技艺、经验、精神，主要形式有表演艺术、民俗文化、有关自然界和宇宙的知识和实践、传统的手工艺技能等，既是历史发展的见证，又是珍贵的、具有重要价值的文化资源。

习近平总书记对非物质文化遗产保护工作作出重要指示强调："要扎实做好非物质文化遗产的系统性保护，更好满足人民日益增长的精神文化需求，推进文化自信自强。要推动中华优秀传统文化创造性转化、创新性发展，不断增强中华民族凝聚力和中华文化影响力，深化文明交流互鉴，讲好中华优秀传统文化故事，推动中华文化更好走向世界。"

## （二）活动内容及过程

**第一部分**：2020年11月6—11日，邀请省内外中国画家（以人物画家为主）赴闽西，以非遗为主题的采风写生。

第一天。

活动地点：新罗区。

配合单位：新罗区、漳平市文化馆。

写生涉及非遗项目：龙岩采茶灯（国家级）、漳平畲族山歌（县级）、闽西汉剧（国家级）、龙岩山歌（省级）。

写生涉及的非遗传承人：陈汉煌（闽西汉剧）、吴通裕（闽西汉剧）、伍银莲（闽西汉剧）、张堂珍（十番音乐）、钟礼杰（十番音乐）、郭金香（龙岩山歌）、蓝莉莉（漳平畲族山歌）。（图5）

图5 非遗主题写生现场（一）

第二天。

活动地点：永定区。

配合单位：永定区、上杭县文化馆。

写生涉及项目：闽西客家十番音乐（国家级）、永定客家山歌（省级）、畲族提线木偶戏（省级）、树叶吹奏（国家级）、一个人的乐队、永定土楼营造技艺（国家级）。

写生涉及非遗传承人：徐松生（永定土楼营造技艺）、张灿金（永定土楼营造技艺）、张冬梅（永定客家山歌）、李桂芳（永定客家山歌）、李德忠（十番音乐）、李福渊（十番音乐）、魏荣康（提线木偶戏）。（图6）

图6 非遗主题写生现场（二）

第三天。

活动地点：连城县。

配合单位：连城县文化馆。

写生涉及非遗项目：连城提线木偶戏（省级）、连城拳（省级）、连城青狮（市级）、雕版印刷技艺（国家级）、连史纸制作工艺（省级）、四堡锡锻器制技艺（省级）。

写生涉及非遗传承人：李明卿（提线木偶戏）、黄炎林（连城拳）、李庆梅（提线木偶戏）、李绅（提线木偶戏）、邹莹生（雕版印刷技艺）、马力（雕版印刷技艺）、邓金坤（连史纸制作工艺）、马恩明（四堡锡器制作技艺）、马华强（四堡锡器锻制技艺）。

第四天。

活动地点：长汀县。

配合单位：长汀县文化馆。

涉及非遗项目：长汀公嫲吹（国家级）、长汀客家九连环（省级）、长汀童坊镇彭坊刻纸龙灯（省级）、船灯表演、汀州客家酿酒技艺（省级）、长汀豆腐干制作技艺（市级）。

写生涉及非遗传承人：刘秋林（长汀公嫲吹）、刘润生（长汀公嫲吹）、彭慕财（刻纸龙灯）、张廷玉（刻纸龙灯）、童小雄（长汀客家九连环）、林剑波（汀州客家酿酒技艺）。

**第二部分：美美与共——传承中的合理存在。**

邀请闽西非遗传承人进展馆，通过现场表演技艺的形式，让观众实地感受非遗的魅力，如闽西客家十番音乐、长汀公嫲吹等。（图7）

图7 闽西客家十番音乐进展厅表演

展览期间，邀请书画频道现场录制，并组织中国画画家与非遗传承人访谈对话，探讨中国画创作与非遗技艺传承的共同点及在当代语境下的合理存在。（图8）

图8　画家为非遗传承人画像

**第三部分：实践中的美育——闽西非遗艺能初体验。**

筛选部分参与感较强的非遗项目供观众体验，并在公共区域播放非遗技艺的现场视频，如体验雕版印刷技艺、刻纸龙灯技艺等。（图9、图10）

图9 闽西非遗——刻纸龙灯进展厅展示

图10 在美术馆开展体验雕版印刷技艺的公共美育活动

　　本次展览的举办对于展示中国传统文化，讲好中国故事，向世界展现中国形象、中国精神，提升文化自信，创新推进国际传播，加强对外文化交流和多层次文明对话，具有积极的意义。

## 四、推广价值与媒体评价

本次展览首展自2021年5月7日开展至2021年5月17日闭展，共11天，观众总计20741人（次）。福州展自2021年7月14日开展至2021年7月18日，共5天，观众总计8955人（次）。为这次展览首次在展厅陈列非遗的展品及非遗体验区，展陈手段以音视频和写生场景展示为亮点，受到观众的广泛好评。本次展览活动吸引30余家大众媒体（如《闽西日报》《福州日报》等）及艺术类专业媒体（如《中国美术报》《美术报》、雅昌艺术网、书画频道等）竞相报道。展期内举办了多场专场参观及导赏活动，观众反响热烈。（图11）

图11 《美术报》艺闻版面新闻报道

## （一）观众统计

展览期间共接待参观观众29696人（次），平均每天约1856人（次）。

我们对展览进行了参观观众抽样调查，样本数量306个，调查问题统计结果显示，观众的参观体验满意度高达97%，观众基本情况具体数据分析如下：

您为什么参观此次展览？被展览的相关报道吸引专程而来占29%，参观博物馆顺便看展览占42%，逛龙津湖公园顺便看展览占29%。

您对此次展览的整体评价？非常满意占72%，满意占25%，一般占3%，无不满意。

在参观展览的过程中，以下哪种展陈方式对提升您的观展体验最有帮助？原作展示占41%，视频占16%，现场非遗体验占25%，写生场景展示占18%。

本次展览带给您何种感受？画家笔下的非遗项目更显得生动有趣占43%，惊叹画家笔墨变化及画家的艺术造诣占33%，作品显示了画家写生的功底，同时传达了对非遗的热爱占23%，其他占1%。

您的年龄有多大？低于20岁占13%，20—30岁占28%，31—40岁占25%，41—50岁占12%，51—60岁占12%，61岁以上占10%。

您的教育程度如何？初中及以下占14%，高中（中专、职高、技校）占18%，大专占28%，本科占33%，研究生及以上占7%。

您的工作单位是什么？国家机关占14%，教科文卫占18%，国有企业占15%，民营企业占10%，部队占9%，学生占31%，其他占3%。

## （二）展览专题片制作

此次展览专门拍摄制作了一部12分钟长的专题片，通过对非遗传承人的采访、闽西非遗的部分项目介绍，配以画家写生的艺术创作过程，实地采访写生画家，生动地呈现出画家的艺术面貌和鲜明的艺术

风格，也生动地向大众宣传和普及了闽西非遗的特点。作为重要的辅助展品，该片在介绍展览背景的同时丰富了展陈形式。（图12）

图12　展厅现场

## （三）出版精美画册

图13　《画说闽西非遗——全国中国画名家写生创作邀请展作品集》封面

## （四）部分观众观展留言

被展览的非遗项目吸引而来，在观看展览前可以欣赏闽西非遗项目，很开心！希望多办。

很好。展览布局很好，有种回环曲折的美，里面画作同样很生动，希望展览越办越好！

特别好，看到闽西非遗项目与中国画的融合，既有传统又有创新，让人眼前一亮！

感受颇深，极为震撼。希望今后加强宣传，吸引更多观众，弘扬中华美学精神。

越多越好。对提升大众艺术品位很有益。

这次展览非常有意义。今后有更多好的展览，可以给观众提供教育和提高的机会。

没有举办这个展览之前，我都不知道闽西非遗有哪些，通过前言和视频，让我更了解非遗，热爱闽西。

希望也可以做网上浏览页面，可以让观众参观后继续欣赏。

这次展览非常吸引我，我每次来博物馆都要进来美术馆感受美的享受。

作品非常优秀,视频和场景配合很好。

希望今后多多举办类似展览,给普通观众鉴赏的机会。

感到画家的艺术水平很高,有情怀,收获很大。

综上所述,本次展览具有很高的推广价值和媒体评价。通过展览的宣传和推广、媒体报道和观众反馈等方面的评估,可以认为展览取得了圆满成功,为推动闽西非遗传承和发展做出了积极的贡献。

## 五、效果评估

本次展览的效果评估可以从多个方面来进行。

首先,从展览的组织和策划角度来看,本次展览展出了103幅作品,展览由"非遗为主题的采风写生活动""美美与共——传承中的合理存在""实践中的美育——闽西非遗艺能初体验"三个部分组成,作品内容丰富、形式多样。

中国美协理事、中国国家博物馆书画院研究员赵建军提道,他觉得福建的人文、自然都非常的有特色,非遗传承对于传统文化,对于当地的文化是一个延续,应当成为当地人的一个宝贝,只有当地的政府、当地人民重视了,我们的文化才能得到传承和发扬,这次活动是非常有意义的,对当地的非遗文化的一个宣传,而且对将来非遗的保护,都具有一定的意义。

福建省美协副主席、秘书长赵胜利指出,这次活动以第44届世界遗产大会为契机,用绘画的形式来表现福建闽西非物质文化遗产,在福建省是首次,既是一次创新,也是一次突破,希望广大美术工作者在全面建成小康社会的新时代,贯彻习近平新时代中国特色社会主义思想和党的十九届四中全会精神,践行习近平总书记有关文艺工作的重要论述精神,坚持"以人民为中心"的创作导向,不忘艺术服务大众的初心,继续坚定正确的创作方向,描绘更加多姿多彩的新时代艺术画卷。

中国美协中国画艺委会委员、福建省美协副主席、龙岩市艺术馆(美术馆)馆长梁明提到,龙岩此次聚多方力量倾力举办"画说闽西非遗"的写生活动,是希望让世界、让全国更多地了解闽西的非物质文化遗产。这次艺术家们通过中国画表现手法去解读、阐释非遗,并进一步感悟、升华,是一种责任,更是一种风尚。

其次,从观众的角度来看,展览吸引了大量观众前来参观,通过观看展览、听取讲解、参与互动等方式,观众们对闽西非遗有了更深入的了解和认识。同时,观众们也给予了很高的评价和认可,认为展览具有很高的艺术价值和历史意义。

最后,从社会影响的角度来看,本次展览产生了广泛的社会影响。通过媒体的报道和宣传,展览引起了社会各界的广泛关注和讨论,进一步提高了闽西非遗的知名度和影响力。同时,展览也促进了文化交流和地方发展,为当地的文化产业和旅游产业注入了新的活力。

本次展览取得了圆满成功,达到了预期的效果。通过展览的组织和策划、观众反馈和社会影响等方面的评估,可以认为展览具有很高的艺术价值和社会意义,为推动非遗的传承和发展做出了积极的贡献。